本书由南京大学文学院副院长、
中国古代文学教授苗怀明博士审订,
特此致谢。

把成语用起来

一读就会用的

分类
成语故事 七

学识和见识 · 计谋和决断

歪歪兔童书馆／编著

海豚出版社
DOLPHIN BOOKS
CICG
中国国际传播集团

目录

13/ 学识和见识

立地书橱	4	真知灼见	22
曲突徙薪	6	老马识途	24
奇货可居	8	管中窥豹	26
深思远虑	10	扣盘扪烛	28
塞翁失马，焉知非福	12	一叶障目	30
		目不见睫	32
从善如流	14	越凫楚乙	34
兼听则明，偏信则暗	16	螳螂捕蝉，黄雀在后	36
明察秋毫	18	不识时务	38
一得之愚	20	坐井观天	40
		蜀犬吠日	42
		吴牛喘月	44
		目不识丁	46
		一事不知	48
		一窍不通	50
		夜郎自大	52

14／计谋和决断

尔虞我诈	54	项庄舞剑，意在沛公	70	过河拆桥	86
兵不厌诈	56			鸟尽弓藏	88
唱筹量沙	58	明修栈道，暗度陈仓	72	捷足先登	90
望梅止渴	60			万事俱备，只欠东风	92
三十六计，走为上计	62	狡兔三窟	74		
		请君入瓮	76	及锋而试	94
太公钓鱼，愿者上钩	64	锦囊妙计	78	机不可失	96
		终南捷径	80	举棋不定	98
釜底抽薪	66	无可奈何	82	先斩后奏	100
围魏救赵	68	从长计议	84	宁为玉碎，不为瓦全	102

附录／分类成语 104

立地书橱 lì dì shū chú

元·脱脱《宋史·吴时传》："时敏于为文，未尝属稿，落笔已就，两学目之曰'立地书橱。'"

释 比喻学识渊博的人。

近义 学富五车 满腹文章 博古通今

反义 目不识丁 胸无点墨 不学无术

吴时是北宋时期的一个官员。宋徽宗时，在原有的太学（古代的最高学府）之外又建了一所新太学，吴时曾在新太学里任职。他学识渊博、才思敏捷，写文章从来不用打草稿，总是提笔就写。因此，两所太学里的教授和学生们都称他为长了脚的活书橱。

吴时不仅书读得多，而且办事灵活，从来不拘泥于形式。他在华州下属的一个县当县令时，有一次接到朝廷的命令，要求把三万石(dàn)大米运到长安，给那里的士兵们吃。吴时仔细算了算，这些粮食如果用车运，需要一千五百辆车；如果靠人挑担子运，则需要五万人。而他只是一个小小的县令，就算把全县的年轻人加在一起，也凑不够那么多人，更别提那么多辆车了。可是朝廷的命令又不能违抗，怎么办呢？

吴时灵机一动，对他的上司说："我想到一个既能让士兵们填饱肚子，又节省开销的好办法。"

"哦？快说来听听！"

吴时说："如果是在战争时期，士兵们要上战场奋勇杀敌，不能离开驻守地，那我们就算再辛苦，也要想办法把粮食运送到他们身边。而现在是和平时期，士兵们只要来我们这里，不就能吃上粮食了吗？您如果能向皇上提议，把军队调到华州来，这样他们随时都能吃饱喝足，我们也可以省下不少力气。"

"好办法！"上司高兴地说，"还是你的脑瓜好使，这可解决了一个大问题啊！"

在北宋时期，官员向皇帝呈送的奏章有严格的格式。一些偏远地区的官员不太了解，经常导致呈上去的奏章被退回来，搞得他们痛苦不堪。吴时知道后，就对皇上说："奏章是官员和皇帝之间沟通信息的桥梁，只要能把事情说清楚就可以了，何必要拘泥于形式呢？"皇上觉得非常有道理，就采纳了吴时的意见。从那以后，官员们和皇上之间沟通起来就顺畅多了。吴时也因为机动灵活的做事风格，受到了皇上的赏识。

例句

🍃 有很多人就是一个活的"藏书架"，就是一个"立地书橱"，他这个肚子里书很多，有十万本书可能都读进去了，但是呢，拿不出来。(孔庆东《真正的幽默是我不幽默》)

🍃 胡老师上知天文下知地理，简直就是一个立地书橱。

成语个性

也写作"两脚书橱"，用来称赞一个人学识渊博，就像一个装满书本和知识的大书橱。有时也用来比喻那些只会死记硬背的书呆子，含贬义。英语中有一个与"立地书橱"相似的说法，叫"行走的百科全书"，也就是活百科全书，形容人学识渊博。

学识和见识 / 博学·立地书橱

奇货可居

qí huò kě jū

汉·司马迁《史记·吕不韦列传》:"吕不韦贾(gǔ)邯郸,见(子楚)而怜之,曰:'此奇货可居。'"

释 奇货:稀有的货物。居:储存。把稀有的货物储存起来,等待价钱高的时候卖出去。比喻把某种有价值的人或物当作资本,借以牟利。

近义 囤积居奇 待价而沽 **反义** 随行就市 货真价实

战国时期,有个叫吕不韦的商人,他常年往来于各个国家之间做生意,靠着低价买进、高价卖出,积累起千金的家产。

有一次,吕不韦去赵国的都城邯郸做生意时,在大街上遇见了一个年轻人。只见这人身上的衣服非常单薄,而且破破烂烂的,但他走路的时候抬头挺胸、气宇非凡,一看就不是普通的老百姓。吕不韦好奇地问身边的人:"这个年轻人是谁呀?"

那个人回答:"他是秦昭王的孙子,秦国太子的儿子啊!"

"哦!他就是在赵国当人质的秦公子异人啊!"吕不韦看着异人的背影,感叹道,"堂堂一国公子,竟然沦落成这般模样,真令人惋惜。"

"可不是吗!他刚来赵国的时候,待遇还算不错。这两年秦国和赵国经常打仗,赵国对秦国恨之入骨,便把怒气撒在异人身上。听说他现在吃的都是剩饭剩菜,好可怜啊!"

吕不韦心想:这异人可算是个稀有的宝物,可以先收买下来,将来能用他挣一大笔钱。吕不韦说干就干,他先用钱买通监视异人的赵国官员,这样就有了与异人接触的机会。他问异人:"你想不想重新回到秦国?"

"当然想啊!我做梦都想回去,可是没有办法啊!"

吕不韦说:"我不但有办法让你回到秦国,还能让你当上秦国国君。"

吕不韦的话激起了异人心中的希望,他抓住吕不韦的手,激动地说:"如果你真有本事让我当上国君,我愿意把一半的秦国分给你。"吕不韦立即拿出五百两金子送给异人,让他好好生活,结交宾客。

之后,吕不韦来到秦国,花了大量金钱,费了很大力气,终于说服秦国太子把异人立为继承人。后来,秦赵两国开战,赵国准备杀掉异人,吕不韦给看守官员送了六百两黄金,把异人救出来,送回了秦国。

几年后,异人的祖父、父亲先后去世,异人当上了秦国国君。他对吕不韦感激不尽,拜他为丞相,并赐给他许多封地和数不尽的金银财宝。

吕不韦就这样凭着独到的眼光和手段,从一个普普通通的商人一步登天,成为秦国的实权人物。

例句

从五十、六十里路大市口上戽(dǔn)来的半陈点心,一到这地方来,成了奇货可居了。(沈从文《写在〈船上岸上〉的前面》)

对于那些具有收藏价值的画,店老板当然会奇货可居,不肯轻易出手了。

成语个性

"奇货可居"和"囤积居奇"都表示把货物储存起来,等待高价出售。但前者囤积的货物本身就很稀奇,而后者是把普通的货物囤积起来,等它变得稀奇之后再高价卖出去。

深思远虑

shēn sī yuǎn lǜ

汉·班固《汉书·师丹传》:"发愤懑(mèn),奏封事,不及深思远虑,使主簿书,漏泄之过不在丹。"

释 想得深,考虑得长远。

近义 深思熟虑 深谋远虑

反义 鼠目寸光 目光如豆

西汉时期,没有儿子的汉成帝把皇位传给了他的侄子,就是后来的汉哀帝。汉哀帝继位后,尊汉成帝的母亲为太皇太后、汉成帝的赵皇后为皇太后,而哀帝自己的母亲丁后和祖母傅太后的封号没有变动。一些大臣为了讨好汉哀帝,就上奏说:"您现在已经是皇上了,按照规矩,应该封您的母后为皇太后、祖母为太皇太后。"

朝中有一位叫师丹的大臣,他认为现在已经有太皇太后和皇太后了,不能再进行册封,于是联合其他大臣极力反对这件事。傅太后和丁后为此对师丹怀恨在心,总想找机会报复他。

机会终于来了。有一次,师丹写好呈报给皇帝的奏章草稿后,让主簿(bù)(掌管文书的小官)抄写一遍。没想到,主簿私下里把奏章多抄了一份,把里面的内容泄露了出去,一时间传遍了大街小巷。傅太后和丁后抓住这个机会,说是师丹故意泄露国家机密,犯了大罪。

汉哀帝问大臣们怎么看这件事,很多人说:"忠臣不应该炫耀他们直言进谏的品德,更不应该让小官员去抄写奏章,以至于让老百姓都知道了奏章内容。做臣子的应该把国家机密看得像自己的性命一样重要,师丹泄密应该严惩。"于是汉哀帝决定罢免师丹。

有一些大臣为师丹求情说:"像师丹这样直言敢谏的大臣,非常难得。师丹把自己的不满写成奏章,虽然没能深入地思考,长远地考虑,让主簿去抄写,但毕竟泄密的是主簿,而不是师丹。如果仅仅因为这件事就罢了他的官,难以让人信服啊!"

但汉哀帝主意已定,还是把师丹贬为了平民。

例句

- 像令兄这样深思远虑,就是有经济的学问。(清·李绿园《歧路灯》)
- 爸爸妈妈深思远虑,从小带我参加各种体育运动,让我拥有了一个健康的身体。

成语个性

"深思远虑"和"深思熟虑"意思相近,但"深思远虑"强调考虑得周密、长远,而"深思熟虑"表示反复、深入地考虑。

塞翁失马，焉知非福

汉·刘安《淮南子·人间训》："近塞上之人，有善术者，马无故亡而入胡，人皆吊之。其父曰：'此何遽（jù）不为福乎？'居数月，其马将胡骏马而归。"

释 塞：边塞。比喻虽然一时受到损失，但可能因此而得到好处。也比喻坏事在一定条件下可以变成好事。

近义 因祸得福　　**反义** 乐极生悲

古时候，边塞地区有一个老翁喜欢养马。有一天，他最喜欢的一匹马跑到胡人那里去了。邻居们知道后，都来安慰他说："马没了还可以再买一匹，千万不要太伤心啊！"

"我根本就没有伤心啊！"老翁笑着说，"虽然马丢了，但说不定这不是祸，反而是福呢？"

"疯了！疯了！"邻居们摇着头，都十分心疼老翁。

几个月后，这匹马竟然又跑回来了，身后还跟着一匹十分珍贵的骏马。邻居们惊讶地说："快看！老翁的马回来了，还从胡人那里带回来一匹骏马！"大伙儿跟着马来到老翁家，对老翁说："一下子来了两匹骏马，老翁真有福气，恭喜恭喜啊！"

谁知，老翁摆摆手说："现在说恭喜还太早。虽然马回来了，但这

也许不是什么好事。"

"这个老翁说起话来总是古里古怪的。"邻居们都认为老翁是高兴得过了头，犯糊涂了。

老翁的儿子从小就喜欢骑马，一看见这匹新来的骏马，高兴得手舞足蹈，每天都骑着马到处炫耀。有一天，他扬起鞭子抽打马儿，想让它跑快点儿，谁知马突然飞奔起来，他从马上摔下来，把腿摔断了。

"真让老翁给说中了，这匹马真的带来了灾祸。"邻居们又来安慰老翁。老翁却说："福和祸总是相互依存的，没准我儿子的腿摔断了，也是一件好事呢！"

邻居们说："如果这次你的话再应验了，我们就打心眼儿里佩服你。"

不久之后，边境上发生了战争，所有年轻力壮的男人都被拉到战场上冲锋陷阵，不少人在战争中牺牲了。而老翁的儿子因为腿上有伤，不用参军打仗，躲过了这场劫难。

事后人们感叹道："福可以变成祸，祸也可以变成福，老翁早就看透了这里面的道理，真的很了不起啊！"

13 学识和见识

远见·塞翁失马，焉知非福

🌰 例句

🍂 处士有志未遂，甚为可惜。然塞翁失马，安知非福。（清·李汝珍《镜花缘》）

🍂 塞翁失马，焉知非福。这次考试虽然不理想，但可以让你看到和同学之间的差距，为自己找到努力的方向，也是一件好事。

成语个性

也写作"塞翁失马，安知非福"，也可单写作"塞翁失马"。这个成语故事告诉我们，任何事情都有可能带来某种结果，在一定条件下好事有可能变成坏事，坏事也有可能变成好事。所以遇到事情时要调整心态，用发展的眼光去看待，不要一味地陷在某种情绪中。

真知灼见
zhēn zhī zhuó jiàn

明·冯梦龙《警世通言·王安石三难苏学士》："真知灼见者，尚且有误，何况其他！"

释 灼：明白，透彻。正确而深刻的认识和见解。

近义 远见卓识　　**反义** 一孔之见

北宋时期，有一户姓苏的人家，父亲和两个儿子都是有名的大文学家，其中，名声最大的就是哥哥苏轼。据说，当时苏轼每写出一篇新文章，很快就会在大街小巷流传开来。人一旦夸赞声听得多了，就容易骄傲，苏轼也不例外。

有一次，苏轼去看望宰相王安石，不巧王安石出去了。等待的时候，苏轼闲着没事就在屋子里东看看、西看看。他见书桌上有一张纸，上面写着两句诗："西风昨夜过园林，吹落黄花满地金。"

这是两句描写菊花的诗，是王安石出门前刚写好的。苏轼读完感觉不对劲儿，心想：菊花在秋天开得正旺，而且能耐秋霜严寒，最后会干枯在枝头，怎么会被秋风吹落满地呢？宰相大人这样写，太不严谨了！

尽管王安石是他的前辈和上级，但苏轼恃才傲物，于是不管不顾地拿起笔就在

13 学识和见识

见识·真知灼见

下面续了两句："秋花不比春花落，说与诗人仔细吟。"意思是菊花那么坚强，可不像春天那些娇弱的花一样，花瓣被风一吹就纷纷飘落，您这样写是不对的，再好好琢磨琢磨吧！

王安石回家后，一眼就看见了那两句诗。"苏轼仗着自己有才，就这么傲慢吗？得好好教训他一下，让他知道自己还有很多东西要学呢。"王安石非常生气，第二天就把苏轼贬到了黄州。（历史上，苏轼是因为反对王安石推行的新法，写了几句讽刺新法的诗而获罪，被贬到黄州，本故事中的说法是明代小说中的演绎。）

苏轼对于官场上的沉浮倒是没太在意，到了黄州天天游山玩水，高兴得很。转眼到了重阳节，苏轼正想和朋友去登高赏菊，天上忽然刮起了大风。大风刮了整整一天，可把苏轼憋坏了。傍晚的时候，风刚一停，苏轼就把好朋友叫到自己家里，来到后院赏菊花。一进后院，苏轼就傻眼了：满院的菊花都被风吹落在地上，好像铺上了一层金黄色的地毯。

苏轼对朋友讲了自己给王安石续诗的事，说："原来菊花真的会被风吹落，弄错的人不是王安石大人，而是我啊！对事物有真知灼见的人都会犯错，更何况像我这样的普通人呢！我太草率了。以后一定要谨记，不能随便嘲笑别人，这可真是'吃一堑，长一智'啊！"

例句

🍂 这是多么灵验的科学预言，多么宝贵的真知灼见。（秦牧《长河浪花集·中国红场的旗帜》）

🍂 校长的演讲有不少真知灼见，同学们收获很大。

成语个性

"真知灼见"最初指古人用火烧龟壳，根据龟壳上出现的裂纹预测凶吉祸福。现在指正确而深刻的认识或高明的见解。

管中窥豹

guǎn zhōng kuī bào

南朝宋·刘义庆《世说新语·方正》:"此郎亦管中窥豹,时见一斑。"

释 管:竹管。窥:从小孔或缝隙中看。比喻认识片面,看不到事物的全貌。也比喻能从事物的一小部分而推知整体。

近义 坐井观天 管窥蠡(lí)测 以管窥天　　**反义** 洞若观火 一目了然 一览无余

王献之是东晋著名书法家王羲之的儿子,他从小跟着父亲学习书法,后来也成为了大书法家,和父亲并称为"二王"。

王献之小时候说话不多,但特别聪明。有一次,父亲的学生们聚在一起玩樗蒲(chū pú)之戏,有两个人在桌子两边面对面地坐着,桌子上摆着棋子,旁边还围了好几个人在看。王献之那时只有几岁,也凑过去看。

只见玩樗蒲的那两个人头也不抬,眼睛紧紧地盯着小棋子,一会儿皱着眉,一会儿又高兴地笑起来。王献之纳闷地问:"真的有那么好玩吗?"

那两人不耐烦地挥挥手说:"小孩子看不懂,别在这儿捣乱了,快去别处玩吧!"

王献之说:"我就在旁边看着,绝对不捣乱。"

那两个人见王献之乖巧懂事,便不再赶他。

王献之看了一会儿,突然说道:"坐在南边的人马上就要输了。"

学生们看他小小年纪,竟然信口开河地预判棋局,就说:"小师弟这算是从管子里看豹子,只能看到豹子身上的一块半块花斑呢。"

王献之一听就知道,这些大人看不起他这个小孩子,很不高兴地说:"我的棋艺确实不好,远的比不上三国时的荀奉倩,近的也比不上刘真长!"说完甩甩袖子就走了。荀奉倩和刘真长都是玩樗蒲的高手,王献之这话的意思是说,我的棋艺确实比不上那些大家,可比你们这些人还是强多了。

玩樗蒲的两个人没理他,接着玩。过了没多久,坐在南边的那个人真的输了,他望着王献之离开的方向,感叹道:"小师弟只看了两眼,就已经看出输赢了,了不起啊!"

13 学识和见识 / 片面·管中窥豹

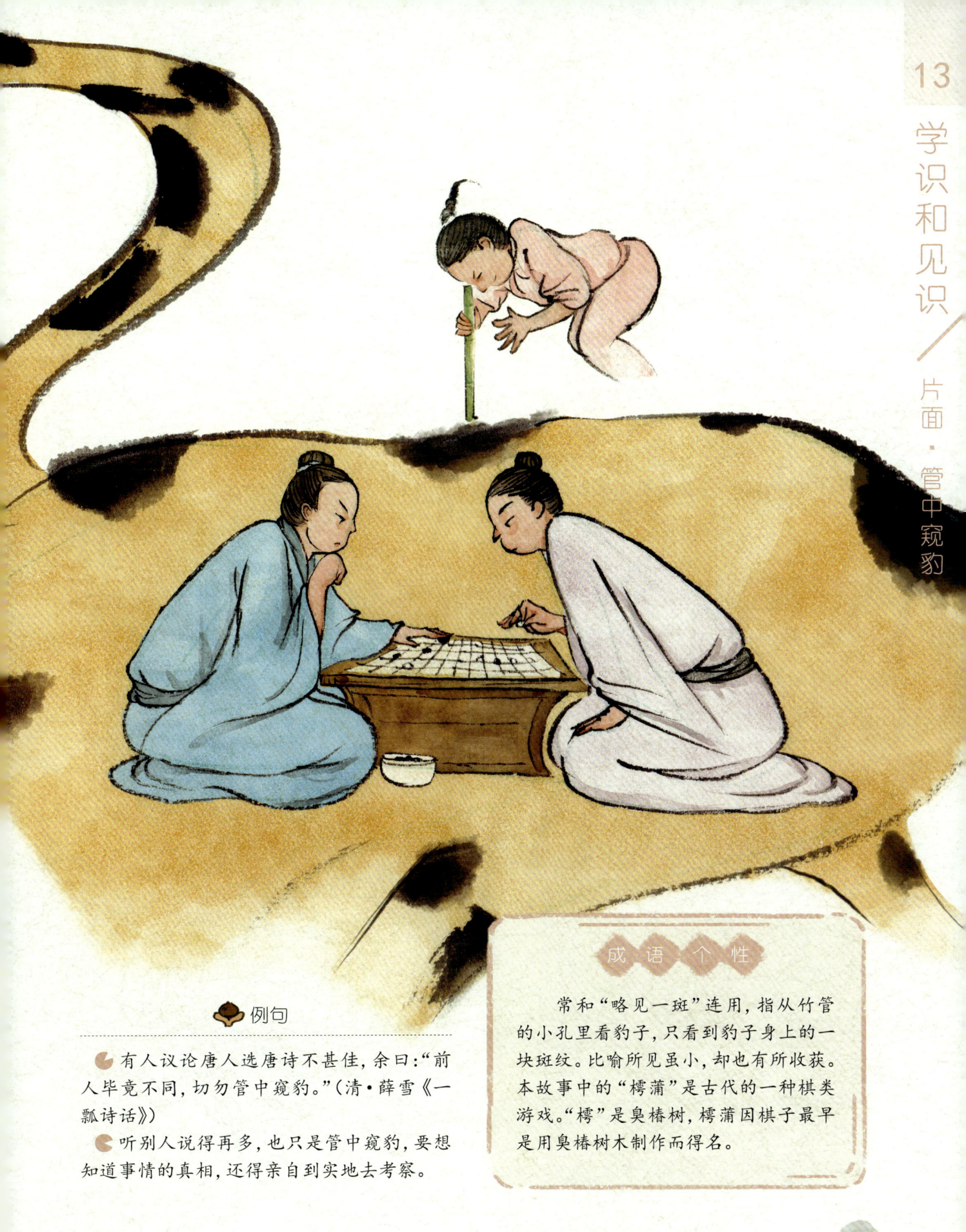

例句

- 有人议论唐人选唐诗不甚佳,余曰:"前人毕竟不同,切勿管中窥豹。"(清·薛雪《一瓢诗话》)
- 听别人说得再多,也只是管中窥豹,要想知道事情的真相,还得亲自到实地去考察。

成语个性

常和"略见一斑"连用,指从竹管的小孔里看豹子,只看到豹子身上的一块斑纹。比喻所见虽小,却也有所收获。本故事中的"樗蒲"是古代的一种棋类游戏。"樗"是臭椿树,樗蒲因棋子最早是用臭椿树木制作而得名。

扣盘扪烛
kòu pán mén zhú

宋·苏轼《日喻》:"生而眇(miǎo)者不识日,问之有目者。或告之曰:'日之状如铜盘。'扣盘而得其声,他日闻钟,以为日也。或告之曰:'日之光如烛。'扪烛而得其形,他日揣籥(yuè),以为日也。"

释 扣:敲。扪:摸。比喻认识片面,难以得到要领和本质。

近义 盲人摸象 管中窥豹 坐井观天

反义 洞若观火 一目了然 真知灼见

从前,有个小男孩生下来就双目失明,世界上的东西什么都没见过。

有一天,他摸索着来到大街上,听见两个人正在兴高采烈地说话。一个说:"今天的天气可真好啊!"另一个说:"是啊,连续好几天都是阴天,今天太阳总算出来了,咱们好好晒晒吧!"小男孩好奇地问:"太阳是什么?"

其中一个人说:"太阳现在就挂在天上,它能让天气变得暖和起来。"

小男孩虽然看不见,但他觉得身上暖洋洋的,和前几天不一样。"原来是太阳让我暖和起来的呀!"小男孩兴奋地说,"那太阳是什么样的?"

"太阳圆圆的,像个大铜盘一样。"

"啊,我知道了。"小男孩想起自己家里就有铜盘,激动得转身就往家走。回到家,他拿起铜盘,用小棍敲起来。

铜盘发出"当当当"的声音,小男孩高兴地说:"太阳发出的声音真好听。"

过了几天,远处响起"当当当"的声音,小男孩跑到大街上欢呼起来:"你们听啊,太阳出来啦,这是太阳的声音。"

人们惊讶地围拢过来，对他说："这是寺庙里传来的钟声，太阳是不会发出声音的。"

小男孩非常失望，脸上的笑容消失不见了。人们有点儿不忍心，就告诉他："太阳会发光发热，就像点燃的蜡烛一样。"

小男孩回到家，把蜡烛拿在手上，上上下下地摸了好几遍。"硬硬的、长长的，原来太阳是这个样子啊！"小男孩把蜡烛抱在怀里，好像抱着一个心爱的宝贝。

几天后，好朋友送给小男孩一根笛子。小男孩一摸到笛子，立刻尖叫起来："太阳？你要送我一个太阳吗？"

"不不，这是一根笛子。"好朋友笑着说，"太阳是摸不到的。"

小男孩不好意思地笑了。太阳究竟是什么样子的，他已经不再去想了，但他知道，只要感觉身上暖洋洋的，就是太阳出来了。

成语个性

这个成语也写作"扣盘扪籥(yuè)"，籥是古代一种像箫、笛子的乐器。

例句

🍂 无论你拿着《红楼梦》的标准看《包法利夫人》，或是拿《罗密欧与朱丽叶》的标准看《西厢记》，你都是扣盘扪烛，认不清太阳。（朱光潜《谈文学》）

🍂 你只看别人示范，自己却不肯动手去练，结果只能是扣盘扪烛，学不到真本事。

29

目不见睫
mù bú jiàn jié

战国·韩非《韩非子·喻老》:"臣患智之如目也,能见百步之外而不能自见其睫。"

释 眼睛看不见自己的睫毛。比喻能看见远的东西却看不见近的东西。也比喻看不到自己的过失,没有自知之明。

反义 自知之明 知己知彼

战国时期,无疆当上越国国君后,为了重振越国昔日的威风,准备发兵攻打齐国。齐国国君赶紧派出一个能说会道的使者去劝阻无疆。

使者来到越国,对无疆说:"在这么多诸侯国中,楚国的实力是最强大的。您想要称霸天下,不应该攻打齐国,应该去攻打楚国才对啊。"

"哎!"无疆无奈地叹了口气,"我倒是很想攻打楚国,但韩国和魏国不愿意出兵帮忙,我也没办法啊!"

"越国不是和这两个国家签订盟约了吗?"

"他们都是胆小鬼,害怕楚国。"无疆说,"其实,我当初和他们结盟,并不是想让他们帮我一起打仗,只是想吓唬吓唬楚国,让楚国不敢轻举妄动。没想到韩国和魏国竟然厮杀起来,闹了个大笑话。我怎么能依靠他们称霸天下呢?真是太傻了。"

使者听到这里,忽然大笑起来,说:"人的智慧就像眼睛一样,能看清远处的东西,却看不见自己的睫毛。大王您只看到韩、魏两国的缺点,却看不到自己的错误。越国没毁在您的手上,还真是万幸啊!"

"为什么这么说?"无疆生气地问。

使者说:"您先别生气,听我慢慢跟您说。既然您和韩、魏两国签订盟约的目的不是让他们帮您攻打楚国,现在为什么还想指望他们呢?目前楚国的兵力十分分散,您只要抓住时机,截断楚国的粮草,凭您一国之力就能轻而易举地打败楚国,实现您称霸天下的梦想了。

这么好的机会,您真的要眼睁睁地放弃吗?"

无疆听得热血沸腾,激动地说:"多谢你及时来提醒我,我马上改变计划,讨伐楚国!"

无疆不知道这是齐国的计策,头脑一热就向楚国进军了,结果吃了大败仗,自己也在战场上被杀死。

🌰 例句

🔵 远求而近遗,如目不见睫。(宋·王安石《再用前韵寄蔡天启》)

🔵 一个人若是目不见睫,不知道自我检讨,是不能真正成长起来的。

成 语 个 性

这个成语比喻发现别人的错误很容易,看到自己的不足却很难;也比喻只考虑将来的事,却把握不住眼前的情况,含有贬义。本成语故事出自《史记·越王勾践世家》。

越凫楚乙
yuè fú chǔ yǐ

唐·李延寿《南史·顾欢传》:"昔有鸿飞天首,积远难亮,越人以为凫,楚人以为乙。人自楚、越,鸿常一耳。"

释 凫:野鸭。乙:通"鳦",燕子。同一只飞鸿,有人说是野鸭,有人说是燕子。比喻人由于主观片面,对于事物认识不清而做出错误的判断。也指看法不一。

近义 言人人殊　　**反义** 异口同声

南北朝时期，南朝有个叫顾欢的人非常喜欢读书，但是家里很穷，上不起学，他就蹲在学校的围墙外边，跟着里边的孩子们一起学习。慢慢地，顾欢认识了很多字，还把听过的文章背得滚瓜烂熟、一字不差。有了这样的基础之后，顾欢变得更爱学习了，他不但发奋读书，还尝试着自己写文章。

有一年，地里的稻子快要成熟了，馋嘴的黄雀们经常去偷吃，父亲便让顾欢去田里看守稻子，驱赶黄雀。顾欢来到稻田，看见黄雀一会儿飞起、一会儿落下，觉得非常有趣，就拿出纸笔想写一篇《黄雀赋》。

他专心致志地写着，完全忘记了父亲交代的任务。等他把文章写完，再抬头看时，稻子已经被黄雀吃了一大半。

他回家后垂头丧气地对父亲说："稻子快被黄雀吃完了。"

"什么？那可是我们一年的口粮。"父亲气坏了。

顾欢从怀里拿出《黄雀赋》，说："我写得出了神，把赶黄雀的事忘了。"

父亲接过来一看，转怒为喜，说："爱学习是好事，我不应该责怪你。"顾欢松了一口气，钻进屋子里读书去了。

长大后，顾欢凭借出色的才华入朝为官。有一次，他和大臣张翮（hé）讨论佛教和道教的渊源，两个人意见不一致，争得面红耳赤。

这时，张翮笑着说："有一只鸟从天上飞过，因为离得太远，看不太清楚，越国人说它是野鸭，楚国人说它是燕子。其实争来争去，他们说的是同一只鸟。只不过越国野鸭多，而楚国燕子多，这两个人都只是根据自己平时的所见来做判断。现在你我二人，就相当于这里边的楚国人和越国人。我们对佛教和道教的认识并不全面，只是根据自己的理解来判断，所以很难辨清谁对谁错。"

顾欢非常赞成张翮的观点，便不再和他争论了。

🍄 例句

🍀 越凫楚乙休题品，识字何曾为近名。(柴萼《李纫兰》)

🍀 这件事情刚刚露出冰山的一角，所以越凫楚乙，判断失误也是难免的。

学识和见识 / 片面·越凫楚乙

螳螂捕蝉，黄雀在后
táng láng bǔ chán huáng què zài hòu

汉·刘向《说苑·正谏》："园中有树，其上有蝉，蝉高居悲鸣饮露，不知螳螂在其后也；螳螂委身曲附欲取蝉，而不知黄雀在其傍也。"

释 螳螂正要捉蝉，不知道黄雀躲在后面正要吃它。比喻目光短浅，只图眼前的利益，却不知道背后的祸患即将来临。

近义 燕雀处堂　　**反义** 居安思危

春秋时期，有一天，吴国的大王把大臣和侍从们召集在一起宣布："我们要攻打楚国，大家要做好准备，全力配合！"

大家一听，纷纷摇起头来。大王问："你们有意见吗？"

一些耿直的大臣说："吴国的局势刚刚稳定，百姓们的生活刚刚步入正轨，如果现在打仗，吴国又会变得一团糟。所以我们认为现在不应该打仗，而应该想办法壮大吴国的实力。"

可是吴王已经打定主意，谁的话也听不进去，扔下一句："这件事我已经决定了，你们谁也别再劝我，谁劝我就杀了谁。"然后离开了。

宫里有一个年轻侍从，他左思右想，始终觉得现在发动战争对吴国没有好处，可是怎么才能说服大王呢？有一天，他在院子里听见树上有知了的叫声，于是灵机一动，想出了一个好主意。

第二天一大早，他拿着弹弓来到王宫的花园里，在园子里走来走去，装作打鸟的样子。露水把他的衣服都沾湿了，他也毫不在意。

就这样过了三天，吴王终于来花园散步了，看到这个年轻人举着弹弓在树下面比划，就问他："大早上的，你在这里干什么呢？还把衣服都弄湿了。"

"嘘！"他装出一副神秘的样子，说："大王您瞧，这棵树上有只知了在唱歌，它唱得多起劲儿啊，渴了就喝点儿树叶上的露水，然后继续唱，根本没注意到身后有一只螳螂正虎视眈眈地盯着它。螳螂弓着腰，举起锯齿般的前爪，正要扑向知了，却没注意到旁边又来了一只黄雀。"

"看来黄雀才是大赢家啊！"

"并不是这样。这黄雀正伸长了脖子，准备啄住螳螂美餐一顿，可它没想到，"年轻人晃晃手中的弹弓，"在大树底下，我正拉开弹弓瞄准它，只要捏弹丸的手一松，就能把它打下来了。"

吴王看着年轻人，吃惊得说不出话来。

年轻人摇摇头，叹着气说："哎……知了、螳螂和黄雀看起来很聪明，其实都是目光短浅的家伙，只想着算计别人，却不知道别人也正在算计它。而我呢，和它们也差不多，只顾着打黄雀，却没顾上草丛、树叶上的露水，结果被打湿了衣服。"

"哎呀，我也差点儿犯了和它们一样的错误。"大王惊出一身冷汗，赶紧下令取消了攻打楚国的计划。

例句

🍀 螳螂捕蝉，黄雀在后，还没等你走出第一步，还没等你的手伸出来，也许你早已成了阶下囚了。（张平《抉择》）

🍀 小偷正准备下手，却没想到螳螂捕蝉，黄雀在后，警察已经埋伏在旁边，只等他一出手就抓捕他。

不识时务
bù shí shí wù

南朝宋·范晔《后汉书·张霸传》:"邓骘当朝贵盛,闻霸名行,欲与为交,霸逡(qūn)巡不答,众人笑其不识时务。"

释 时务:客观形势和社会潮流。指认不清当前的客观形势和社会潮流。

近义 不合时宜 因循守旧 故步自封　**反义** 揆情度理 审时度势 见风使舵

东汉时期,张霸被派到苏州一带当地方官。当时,这个地方小偷和强盗横行,民风很差,官员们都害怕来这里当官。

张霸德才兼备。他到任后,先是四处走访了解民情,接着贴出告示,招揽能制服小偷和强盗的能人。他还兴建起学校,让孩子们都去上学;实施利民政策,帮助老百姓们改善生活。经过三年的努力,偷盗抢劫的现象都消失了,孩子们读书识字,变得彬彬有礼,老百姓们过上了安居乐业的生活。大家带着礼物来感谢张霸,却看见他收拾好行李,正准备出门。

百姓们问:"张大人,您这是要出远门吗?"

张霸说:"我身体不太好,已经辞去官职,要回家养病去了。"

百姓们纳闷地说:"这里一团糟的时候,您没有离开,现在这里变得越来越好了,您为什么要走呢?"

张霸回答说:"我来的时候,百姓们都需要我。如今百姓们丰衣足食,我的任务已经完成,就没有待下去的必要了。"说完,他笑着挥挥手走了。

很快,张霸的事情传到了皇帝耳朵里。皇帝对此赞赏有加,就把他调到都城洛阳,封他做了大官。洛阳的达官贵人们得到消息后,都带着礼物赶来讨好张霸。

皇后的哥哥邓骘(zhì)也亲自来张霸家里拜访。可他到了张霸家,发现大门紧闭,里面也听不见说话和走路的声音。原来,张霸不愿结交权贵,故意躲起来了。

官员们听说这件事后,纷纷叹息着说:"邓骘是皇亲国戚,又是朝中的重臣,我们这些人都绞尽脑汁想要和他套近乎,张霸却故意躲着他,真是太不识时务了!"

13 学识和见识 / 目光短浅 不识时务

例句

- 什么年月了,还吃这碗饭,太不识时务了。(张洁《沉重的翅膀》)
- 在大家都一致称好时,他却提出了不同看法,有人说他不识时务,我却认为他这是坚持自我,不跟风盲从。

坐井观天
zuò jǐng guān tiān

唐·韩愈《原道》:"坐井而观天,曰天小者,非天小也。"

释 坐在井底看天。比喻眼界狭窄,见识不广。

近义 以蠡(lí)测海 目光如豆 孤陋寡闻　　**反义** 见多识广 高瞻远瞩 远见卓识

很久很久以前,野地里有一口井,井里只有一洼浅水,浅水里住着一只青蛙。它从一出生就住在这里,从来没看见过外面的世界。晴天的时候,它就抬起头看着白云飘来飘去;下雨的时候,它就玩踩泥巴的游戏。这样的日子过了一天又一天,青蛙从来没有厌倦过。

有一天,青蛙坐在井底,看着蓝蓝的天空发呆。忽然,一个黑影遮住了井口。

"嗨!请让一让,你挡着我看天空了。"青蛙大声嚷嚷起来。

那个黑影赶紧把身体往旁边挪了挪,低下头说:"你好啊!我是从大海里来的海鳖。"

"欢迎你来我的井里做客,海鳖叔叔。"青蛙热情地邀请海鳖,海鳖也想看看井里是什么样子,就答应了。

海鳖慢慢地把两条后腿伸到井里,正要往下用力,可是"咔吧"一声卡住了。"哎哟哟,你的井太小了,我下不去啊!"

"真遗憾,你不能亲眼看看我这口井有多好了。"青蛙想了想说,"要不我给你介绍一下吧!"

"好啊好啊!"海鳖慢吞吞地把腿拉出来,趴在井口边认真地听着。

"这是世界上最舒适的地方,我在里面想跳就跳、想唱就唱,谁也管不着。我的井口上有一片很大很大的天空,有时候是蓝色的,有时候是灰色的,有时候会有雪花飘下来,有时候会有雨滴落进来。"青蛙越说越得意,"住在这样的

13 学识和见识 / 见识浅薄·坐井观天

井里,我觉得非常幸福!"

"小青蛙,"海鳖哼了一声,"你住在井里,看见的只是很小很小的一片天空。你知道外面的天空有多大吗?"

"比我在井里看见的大很多吗?"青蛙惊讶地问。

"那是!外面的天空要多大有多大,大得无边无际。"海鳖滔滔不绝地说,"你在井里沾沾自喜,是因为你没有见过大海有多么辽阔。起风的时候,大海上波涛汹涌,像千万个巨人在怒吼;晴天的时候,大海又变成一面巨大的蓝色镜子。海里生活着许多许多居民,我们在一起看潮起潮落,享受大海带给我们的幸福生活,那样的日子才算精彩呢!"

"是吗?我已经等不及了。"说着青蛙用力一跳,跳到了地面上。它看着蓝色的天空和辽阔的大海,羞愧得一句话也说不出来。

例句

🍄 我弟子虚度一生,山门也不曾出去,诚所谓坐井观天,樗(chū)朽之辈。(明·吴承恩《西游记》)

🍄 读书可以让我们增长知识,旅游可以让我们开阔眼界,避免坐井观天。

成语个性

本成语故事出自战国时期庄周的《庄子·秋水》。

41

蜀犬吠日
shǔ quǎn fèi rì

唐·柳宗元《答韦中立论师道书》:"仆往闻庸蜀之南，恒雨少日，日出则犬吠。"

释 蜀：四川的别称。吠：狗叫。原意是四川多雨，那里的狗不常看见太阳，所以太阳一出来就要叫。比喻少见多怪。多用来讽刺浅薄无知的人。

近义 吴牛喘月 粤犬吠雪 **反义** 见多识广 见怪不怪

柳宗元是唐代的大文学家，写下了许多流传千古的诗文。当时有一个叫韦中立的年轻人，想拜柳宗元为师，但柳宗元总是用各种借口拒绝他。

有一年，柳宗元得罪了朝廷，被贬到了永州（位于现在的湖南省南部）。韦中立听说后，也跟着柳宗元来到了永州。柳宗元心里非常感动，但还是不肯收韦中立为徒。韦中立觉得很奇怪，就给柳宗元写了一封信，信上说："我是真心实意地想要跟您学习，您为什么就是不肯答应呢？这几天我把自己关在房间里反思，是我哪里做得不够好，才让您拒绝我的吗？如果真是这样的话，请您告诉我，我一定会改正的。"

柳宗元看到这封信，既感动又为难。其实，他非常喜欢这个爱学习的年轻人，但在当时那个时代，人们对老师很不尊重，如果有人说自己是老师，肯定会受到周围人的讥讽和冷落。

　　柳宗元思前想后，还是决定拒绝。为了不让韦中立失望，他写了一封回信，信中说："我不肯让你拜师，并不是你做得不够好，而是现在的社会风气不好，我不敢这么做。战国诗人屈原曾在他的文章中写道，'城邑中的狗一起吠叫，是因为见到了让它们觉得奇怪的事情'。我过去也曾听说，蜀地一带经常下雨，很少出太阳，等到出太阳时，那里的狗就会冲着太阳乱叫一通。当时还认为这话说得太夸张，直到前些年我来南方任职，有一年冬天，下了一场南方素来罕见的大雪，覆盖了好几个州。这几个州的狗一看见纷纷扬扬飘落的雪花，就开始没完没了地叫唤，疯狂地到处奔跑，直到雪停了才安静下来。我这才相信之前听过的话。是太阳和雪有什么问题吗？并不是，只是那些狗大惊小怪罢了。如今的人们就像那些狗一样，看见有人自称老师，就会大惊小怪地羞辱一番。我的身体不太好，真的不愿意再去招惹麻烦了！"

　　最后，柳宗元还在信中分享了自己读书写作的心得，并叮嘱韦中立多读经典的文章。韦中立看了之后大受鼓舞，对柳宗元更加敬重了。

例句

● 刘会孟訾（zǐ）杜甫，蜀犬吠日。（清·薛雪《一瓢诗话》）

● 这种玩具早已经在孩子们中间流行开了，是你蜀犬吠日，少见多怪了。

成语个性

　　这则成语故事中还包含另外一个成语"粤犬吠雪"，和"蜀犬吠日"的意思一样，都是用来告诫人们对自己没有见过的事情不要大惊小怪，更不要乱加指责和反对，而应了解情况，分清是非，正确对待。

学识和见识·见识浅薄·蜀犬吠日

吴牛喘月

wú niú chuǎn yuè

汉·应劭（shào）《风俗通义》："吴牛望月则喘，彼之苦于日，见月怖，亦喘之矣。"

释 吴地天气炎热，水牛怕热，看到月亮误以为是太阳，就喘起气来。比喻因疑心而害怕类似事物。也比喻遇事过分惧怕，失去了判断能力。也形容天气酷热。

近义 蜀犬吠日　杯弓蛇影

反义 见多识广　见怪不怪

西晋时期，有个叫满奋的大臣，他身材魁梧，却十分怕冷，别人穿着单薄的衣服都觉得热时，他却非得把自己捂得严严实实的才觉得暖和。要是遇到刮风下雨天，他会一层又一层地恨不得把所有衣服都穿在身上。

有一天，晋武帝召见满奋到宫中商议国家大事。满奋刚一出门，忽然有阵风吹过来，他赶紧缩回屋子里，对仆人喊："好冷！好冷！快给我加衣服。"

仆人好奇地说："这才刚刚入秋，一点儿也不冷啊！"

"别啰唆了！没看见我已经冻得打哆嗦了吗？"满奋缩成一团，浑身剧烈地颤抖

起来。仆人吓坏了，赶紧从柜子里拿出过冬的衣服给满奋穿上。满奋觉得身上暖和了，这才安心地出了门。

到了宫中，晋武帝知道满奋怕冷，就让人把门窗都关严了。可是，他刚说了两句话，就看见满奋脸色铁青、浑身发抖。

"你还是觉得冷吗？"晋武帝关心地问。

满奋看了一眼北边的窗户，用颤抖的声音说："寒风一阵阵地吹过来，快要把我冻僵了。"

晋武帝看看窗户，说："那窗户是琉璃做的，看上去好像会漏风，其实可严实了，风是吹不进来的。"

满奋望着窗外摇动的树枝说："我只要一看见树枝摇动，就会不自觉地发抖。"

晋武帝哈哈大笑着说："这样的事我还是头一次听说呢！"

满奋振振有词地说："南方的太阳特别毒辣，那里的牛经常晒得满身大汗、呼吸困难。后来牛被太阳晒怕了，只要一看见太阳，就感觉浑身发热，甚至到了晚上，看见明晃晃的月亮，竟然也会不由自主地浑身冒汗、呼哧呼哧地喘粗气。我就和那些牛一样，因为太怕冷了，所以看见树枝摇动，就会感觉寒风吹进了身体里，冷得发抖。"

"既然这样的话，你就先回家吧，等天气暖和了我们再谈。"晋武帝使劲憋住笑，把满奋打发走了。等满奋走远以后，他再也忍不住了，放声大笑起来。

例句

🍂 吴牛喘月时，拖船一何苦！（唐·李白《丁都护歌》）

🍂 小宇自从上次在全校演讲比赛中失利后，一听说要上台发言，就像吴牛喘月一样吓得浑身发抖。

成语个性

这个成语形容的是因为十分害怕某一种事物，连和它相似的事物也害怕的心理状态。本故事出自南朝宋时期刘义庆编写的《世说新语·言语》。

学识和见识 · 见识浅薄 · 吴牛喘月

目不识丁
mù bù shí dīng

五代后晋·刘昫（xù）《旧唐书·张弘靖传》："今天下无事，汝辈挽得两石力弓，不如识一丁字。"

释 连最简单的"丁"字也不认识。形容没有文化，一个字都不认识。

近义 胸无点墨 不识之无　　**反义** 学富五车 满腹经纶

无知·目不识丁

唐朝时期，张弘靖奉命任幽州节度使。幽州的百姓们听说要来一位新官，都激动地跑到大街上，想看看这位新来的大人长什么样，是不是一个能为百姓造福的好官。

不一会儿，张弘靖到了，他穿着华丽的衣服，坐着豪华的轿子，还有一大帮护卫前呼后拥。

"唉！一看这派头，就知道是个贪官。"

"像这样养尊处优的大人，怎么能够尽心为老百姓做事呢？"

"幽州的老百姓要遭殃了。"

百姓们纷纷摇头叹息，张弘靖看在眼里，急在心上，暗暗琢磨要做一件大事，让百姓们改变对自己的看法。

做什么大事呢？张弘靖苦思冥想，突然想到了安禄山，他的墓就在幽州。几十年前，安禄山起兵造反，闹得天下大乱，害得百姓们无家可归、流离失所，百姓们对他恨之入骨。"我要是挖了安禄山的坟墓，百姓们一定会感激我的。"于是，张弘靖亲自带人来到安禄山的坟墓前，把尸骨挖出来，曝于山野中。

无论在什么年代，挖坟掘墓都是大逆不道的事。百姓们对张弘靖失望透顶，更不敢有什么指望了。

俗话说"上梁不正下梁歪"，张弘靖有个叫韦雍的手下更让人深恶痛绝。他经常喝得烂醉如泥，在大街上骂骂咧咧，吵得百姓们不得安宁。而且，他还经常辱骂士兵，心里稍微有点儿不痛快，就对士兵们拳打脚踢。

有一次，韦雍又喝醉了，摇头晃脑地说："现在天下太平了，养你们这些士兵有什么用？你们即使拉得开两石力的硬弓又能怎么样，还不如认识一个'丁'字呢！"士兵们见韦雍这么瞧不起自己，一个个气得咬牙切齿。

终于有一天，士兵们忍无可忍，杀死韦雍，把张弘靖关押起来，百姓们都拍手叫好。

例句

- 但即使"目不识丁"的文盲，由我看来，其实也并不如读书人所推想的那么愚蠢。（鲁迅《且介亭杂文·门外文谈》）
- 他刚来的时候目不识丁，半年之后竟然可以自己读书看报了。

成语个性

"丁"是笔画最简单的汉字之一，如果一个人连"丁"字都不认识，那肯定是没一点儿学问了，所以人们用成语"目不识丁"来讽刺没有学问的人。不过宋代学者洪迈认为，在这个成语出处的原文中，应是"不如识一个字"，因为"丁"和"个"字形相似，在传抄过程中误写成了"丁"。

一事不知

yí shì bù zhī

唐·李延寿《南史·陶弘景传》:"读书万余卷,一事不知,以为深耻。"

释 对某一事物有所不知。比喻知识尚有欠缺。

近义 才疏学浅　　**反义** 无所不知　博学多才　学贯中西

　　陶弘景是南朝时期的人,他博学多才,精通医药学,在文学、地理、兵学等许多方面也都有很高的建树。

　　一个人的精力和时间是有限的,陶弘景为什么能在短短几十年中取得这么大的成就呢?这是因为他读书的时候有一个好习惯:只要有疑问,就一定要深入研究,直到把问题弄清楚为止。

　　有一次,陶弘景在书上看到一个关于细腰蜂的故事,说是细腰蜂只有雄性没有雌性,不能自己繁殖后代。于是,细腰蜂就把螟蛉(míng líng)的孩子衔到自己的窝里精心喂养,慢慢地,螟蛉就会长得和细腰蜂一样。这个时候,细腰蜂就可以说:"这就是我的孩子。"也正是因为这种说法,后来人们把收养的孩子称为螟蛉子。

　　陶弘景读到这里,心里十分纳闷:"螟蛉的幼虫真的会变成细腰蜂吗?"他觉得这种说法非常荒唐,但翻遍了所有和细腰蜂有关的书籍,也没有找到明确的答案。

13 学识和见识 · 无知 · 一事不知

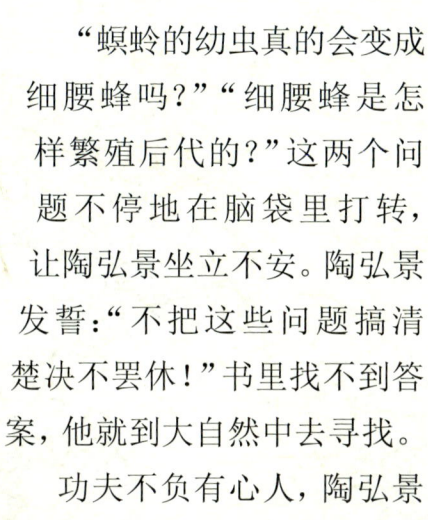

"螟蛉的幼虫真的会变成细腰蜂吗?""细腰蜂是怎样繁殖后代的?"这两个问题不停地在脑袋里打转,让陶弘景坐立不安。陶弘景发誓:"不把这些问题搞清楚决不罢休!"书里找不到答案,他就到大自然中去寻找。

功夫不负有心人,陶弘景在一棵大树上找到了一窝细腰蜂。通过长时间的观察,他发现细腰蜂确实会把螟蛉的幼虫衔到自己窝里,但不是让它们当自己的孩子,而是为了把卵产在螟蛉的身体里,卵孵化成幼虫后直接以螟蛉为食物。

"细腰蜂有雄有雌,也有自己的孩子!"陶弘景凭着"打破砂锅问到底"的精神,终于揭开了谜底。

陶弘景一生都在不断地学习,是活到老学到老的典范。他经常说:"我虽然读了一万多卷书,但只要有一件事不知道,就会觉得自己学识浅薄,感到非常耻辱。"

成语个性

和"一物不知"同义。但"一物不知"强调的是"物","一事不知"强调的是"事",使用时视具体情况而定。

例句

- 从此以后,很多人把对博学的追求,进一步凝练为"一物不知,深以为耻""一事不知,儒者之耻"这样高度精练的语句。(徐梓《一物不知,深以为耻》)
- 哥哥经常用"一事不知,深以为耻"来激励自己发奋读书,我也要向哥哥学习。

望梅止渴
wàng méi zhǐ kě

南朝宋·刘义庆《世说新语·假谲(jué)》："魏武行役，失汲(jí)道，军皆渴，乃令曰：'前有大梅林，饶(ráo)子，甘酸可以解渴。'士卒闻之，口皆出水，乘此得及前源。"

释 梅子酸，人想到梅子就会不自觉地流口水，起到止渴的作用。比喻用空想或假象等来安慰自己。

近义 画饼充饥　　**反义** 脚踏实地

　　东汉末年，各地军阀割据，汉朝丞相曹操打着天子的旗号四处征伐。一年夏天，天气热得出奇，曹操率领部队去攻打占据宛城的张绣，为了能早一点儿到达目的地，他们天不亮就出发了。

　　走了没多远，太阳出来了，它似乎使出了全身力量，要把所有的光和热毫无保留地投向大地。田里的庄稼干枯了，路边的石头晒得滚烫，动物们躲进阴凉的洞穴中，一动也不想动。士兵们有气无力地走着，衣服湿透了，嗓子干得像火烧一样，有些士兵还出现了中暑的症状。大家的身体越来越虚弱，脚步也越来越缓慢。曹操看看火辣辣的太阳，心中十分担忧。

　　"再这样下去士兵们都会中暑的！"曹操急得直跺脚，赶紧把向导叫过来问："这附近有水源吗？大家都热得走不动了！"

14 计谋和决断

计策·望梅止渴

向导摇摇头:"翻过前面这座山才能喝上水呢,大家只能再坚持一下了。"

"士兵们已经精疲力竭,恐怕坚持不了多久了,得让他们先打起精神才行啊!"曹操望着远方的山谷,忧心忡忡。突然,他有了主意,骑马冲到队伍最前面,装出一副惊喜的样子指着前方说:"前边有好大一片梅林,树上结满了梅子,那些梅子又酸又甜。大家加快速度,不一会儿就能吃到梅子了。"

士兵们一听说有梅子吃,马上想起梅子那酸溜溜的味道,嘴巴里立刻流出口水来,就好像真的吃到了梅子一样。嘴巴不渴了,身上也有劲儿了,士兵们加快步伐,朝着前方走去,终于在天黑之前到达了有水的地方。

例句

- 如果现在丢开这些基本的书籍不认真苦读,一心想找秘本,只恐望梅止渴,无济于事。(马南邨(cūn)《燕山夜话·有书赶快读》)
- 妈妈很爱旅游,可又没有太多假期出去玩儿,平时就只能在家里看旅游类书籍望梅止渴了。

成语个性

也写作"望梅解渴"。"望梅止渴"和"画饼充饥"不但结构相同、意思相近,而且出处也大有渊源:"望梅止渴"出自曹操,而"画饼充饥"出自曹操的孙子曹叡(ruì)。

三十六计，走为上计

南朝梁·萧子显《南齐书·王敬则传》："檀公三十六策，走是上计。"

释 原指无力抵抗敌人，以逃走为上策。现多指陷入困境时，离开、回避是最好的策略。

近义 溜之大吉　　**反义** 坐以待毙

南北朝时期，有一个传奇英雄名叫王敬则，他大字不识一个，却凭着出色的胆识和智慧，帮助齐高帝萧道成登上皇位，成了齐国的开国将军。

齐高帝非常器重王敬则，给他加官进爵，赏赐更是多得数不胜数。齐高帝死后，王敬则继续辅佐他的儿子齐武帝。

齐武帝死后，齐高帝的侄子齐明帝即位。他疑心很重，总是担心齐高帝的儿孙们会把皇位夺走。为了防止发生这种事，他决定先下手为强，一口气把齐高帝的几十个儿孙全都杀死了。就算是这样，齐明帝的心里还是不踏实，又琢磨着要杀掉当年对齐高帝忠心耿耿的大臣，这其中当然也包括王敬则。但他知道王敬则的厉害，所以不敢轻举妄动，一边给他封赏，一边寻找机会。

王敬则看出齐明帝心狠手辣，早晚有一天会除掉自己，也在暗中等待机会起兵造反。有一次，齐明帝生病了。王敬则抓住这个机会，率领士兵气势汹汹地攻进了都城。齐明帝正躺在床上养病，一听说王敬则造反了，吓得魂不守舍，赶紧让人爬到屋顶上察看情况。

不一会儿，打探情况的人回来了，慌慌张张地说："不好啦！外面火光冲天，王敬则马上就要打到皇宫里来了！"齐明帝听后，噌地一下从床上跳下来，连滚带爬地往外跑。

这件事传到了王敬则耳朵里，王敬则哈哈大笑着说："三十六计，走为上计，事到如今，齐明帝只能夹着尾巴逃跑了。"

可惜王敬则太轻敌了，还没高兴多久，就被齐明帝派去的刺客杀死了。一个乱世英雄的一生，就这样草草结束了。

14 计谋和决断

计策·三十六计·走为上计

成语个性

《三十六计》是一部兵书，里面记载了三十六个兵法策略。不过"三十六计"的说法出现得比书更早，具体为：瞒天过海、围魏救赵、借刀杀人、以逸待劳、趁火打劫、声东击西、无中生有、暗度陈仓、隔岸观火、笑里藏刀、李代桃僵、顺手牵羊、打草惊蛇、借尸还魂、调虎离山、欲擒故纵、抛砖引玉、擒贼擒王、釜底抽薪、混水摸鱼、金蝉脱壳、关门捉贼、远交近攻、假道伐虢、偷梁换柱、指桑骂槐、假痴不癫、上屋抽梯、树上开花、反客为主、美人计、空城计、反间计、苦肉计、连环计、走为上计。

例句

- 女婿比较机灵，一看形势不妙，三十六计，走为上计，溜之大吉。（余易木《初恋的回声》）
- 佳佳一看妈妈的脸色不对，赶紧三十六计，走为上计，躲到同学家去了。

太公钓鱼，愿者上钩

元·无名氏《武王伐纣平话》："姜尚因命守时，直钩钓渭水之鱼，不用香饵之食，离水面三尺，尚自言曰：'负命者上钩来！'"

释 太公：指西周初年的大臣姜子牙。比喻心甘情愿地上当。

近义 心甘情愿　　**反义** 迫不得已

商朝末期，有一位白胡子、白头发的老爷爷名叫姜子牙。他想用自己的毕生所学辅佐纣王，但纣王昏庸无道，心灰意冷的姜子牙隐居在渭河边，等待着赏识他的人出现。

姜子牙每天都到河边去钓鱼，但他用的鱼钩和别人的不一样。别人的鱼钩是弯的，这样才能把贪吃鱼饵的鱼钩住，可姜子牙的鱼钩是直的，上面连鱼饵也没有。

有一天，姜子牙正准备钓鱼，一个樵夫看见他的鱼钩，顿时笑得前仰后合："老人家，你就是等上三天三夜也钓不上鱼来，别浪费时间了，赶快回家去吧！"

"哦？小伙子，你怎么知道我钓不上鱼呢？"

"你的鱼钩是直的，上面也没有鱼饵，当然钓不上鱼啦！"

"这你就不懂了吧！"姜子牙笑了笑，"虽然我的鱼钩是直的，但想让我钓上来的鱼，自然会心甘情愿地来咬钩的。"

"哪有这么傻的鱼？"樵夫说完哈哈大笑着走了。

怪人怪事总是传播得特别快，没过多久，人们就都知道河边有一位用直钩钓鱼的老人家，在等着鱼儿心甘情愿地上钩呢！这件事也传到

14 计谋和决断

计策·太公钓鱼，愿者上钩

了西伯侯姬昌的耳朵里。当时，姬昌正在为了推翻纣王的残暴统治，四处寻访有才能的人。他听到姜子牙钓鱼的事，眼前一亮，立即来到河边，但是河边空荡荡的，一个人影也没有。原来姜子牙为了试探姬昌，故意躲起来了。

随从们愤愤不平地说："侯爷亲自来请他，他却躲起来，真是不知好歹。"

姬昌却笑着说："这更说明他是一位奇人，我非把他请回去不可！"

几天后，姬昌又来到河边。这次，姜子牙不但没有躲起来，反而像多年没见的老朋友一样，和姬昌聊了很久。姬昌拉住姜子牙的手，老泪纵横地说："和您一见面，就知道您是一位奇才。有了您的辅佐，我的愿望不久就可以实现了！"

姜子牙被姬昌封为太师，为他出谋划策。姬昌死后，姜子牙辅佐他的儿子姬发推翻商朝，建立了周朝。直到这个时候，人们才明白原来姜子牙钓的不是鱼，而是赏识他的人啊！

🍂 例句

🍂 这有何妨，太公钓鱼，愿者上钩。(清·孔尚任《桃花扇》)

🍂 太公钓鱼，愿者上钩。要不是你贪小便宜，怎么会轻易上当受骗呢？

釜底抽薪
fǔ dǐ chōu xīn

北齐·魏收《为侯景叛移梁朝文》:"抽薪止沸,剪草除根。"

释 釜:古代做饭用的锅。薪:柴火。把柴火从锅底抽掉,才能使水停止沸腾。比喻从根本上解决问题。

近义 抽薪止沸 拔本塞源 斩草除根　**反义** 扬汤止沸 抱薪救火 纵风止燎

南北朝时期,有一个叫侯景的人。他虽然腿脚不好,却擅长骑马射箭,再加上他脑筋灵活、足智多谋,年纪轻轻就崭露头角,成了北朝东魏最有权势的大臣高欢的

部下。

高欢非常欣赏侯景，但高欢的儿子高澄却跟他合不来，所以侯景曾经公开对别人说："高欢对我恩重如山，只要他活着，我就会一直忠心耿耿地跟随他。但如果他死了，我说什么也不会和高澄同朝共事的！"果然，高欢死后，侯景立刻叛变，投靠了南朝梁的梁武帝。

梁武帝打算重用侯景，这时他收到北朝的魏收写来的书信，上面说："侯景虽然有谋略，但他反复无常。之前他背叛了东魏，以后也会背叛您。像他这样的人，不但不能重用，还应该像抽掉锅下面的柴火，不让水沸腾一样，斩草除根，让他再也没有翻身的机会。"

此时是梁武帝北伐前夕，正是用人的时候，于是他没有听从劝告，还是坚持重用侯景。

不久，东魏要和梁朝重归于好。侯景一听就慌了神，总是提心吊胆，害怕梁武帝把自己当成人质送给东魏。为了验证自己的想法，侯景冒充高澄给梁武帝写了一封信，信上说："只要你把侯景交出来，我们东魏就停止战争。"梁武帝信以为真，满口答应了。侯景勃然大怒，找了个借口，又背叛了梁武帝。

最后，侯景带兵攻进梁朝的都城，把梁武帝围困在宫里，活活饿死了。侯景篡（cuàn）权自立，当上了皇帝。不过好景不长，他很快就兵败被杀，尸骨无存。

成语个性

在本成语故事中，成语原为"抽薪止沸"，后来又引申出"釜底抽薪"这个成语。"釜底抽薪"是三十六计中的第十九计，指面对强敌时，不可通过正面作战取胜，而应该避其锋芒，削减敌人的气势，再乘机取胜的谋略。现在比喻从根本上解决问题，也指暗中进行破坏。

例句

🌰 如今有个道理，是"釜底抽薪"之法，只消央个人去把告状的安抚住了，众人递个拦词，便歇了。（清·吴敬梓《儒林外史》）

🌰 乱丢乱放的玩具直接送给别的小朋友，妈妈这招釜底抽薪的方法让琪琪彻底改掉了乱放玩具的习惯。

围魏救赵
wéi wèi jiù zhào

汉·司马迁《史记·孙子吴起列传》:"君不若引兵疾走大梁,据其街路,冲其方虚,彼必释赵而自救。是我一举解赵之围而收弊于魏也。"

释 原指战国时齐军用围攻魏国的方法,迫使魏国撤回攻打赵国的军队,而使赵国得救。后指袭击敌人后方的据点以迫使进攻之敌撤退的战术。

近义 声东击西　　**反义** 围城打援

战国时期,魏国收服了一个名叫中山的小国。但没过多久,中山就被赵国强行占领了。魏惠王大发雷霆,要把中山抢回来。这时,大将军庞涓(juān)说:"中山只是一个不起眼的小国,就算抢回来,也不能让您解气。不如直接攻打赵国的都城邯郸(hán dān)吧!狠狠地给赵国一个教训。"

魏惠王非常高兴,立刻派庞涓率兵攻打邯郸。赵王害怕了,就去向齐国求援。齐威王派大将田忌和军师孙膑(bìn)一起去救援赵国。

田忌说:"我们速战速决,直接攻入邯郸吧!"

"不不!"孙膑摇摇头说,"如果我们正面和魏国大军交锋,谁胜谁负还说不定。

况且庞涓和我曾经是同学,他用兵打仗的能力不能小看。"

"那怎么办呢?"田忌急切地问道。

孙膑说:"人人都知道我们要去邯郸救援,但我们偏偏不那么做。现在魏国所有的精兵强将都在邯郸,国内的防守非常空虚。这个时候如果我们去攻打魏国的都城大梁,一定会让魏国大乱。到时庞涓肯定会放弃邯郸,返回去救魏国。我们只要在路上设下埋伏,就能让他们一败涂地。"

"妙啊!这样既能帮赵国解围,又能狠狠打击魏国,真是一举两得啊!"

田忌按照孙膑的计策,率军直奔魏国大梁。庞涓得到消息吃了一惊,立刻率领大军慌慌张张地往回赶,一不小心就进了孙膑设好的埋伏圈,士兵死的死、伤的伤,惨不忍睹。庞涓恍然大悟,明白是上了孙膑的当,可惜已经太晚了。

14 计谋和决断 / 计策 "围魏救赵"

例句

- 倘用围魏救赵之计,且不来解此处之危,反去取我梁山大寨,如之奈何!(明·施耐庵《水浒传》)
- 对付比自己强大的敌人,可以采用围魏救赵的战术。

成语个性

"围魏救赵"是三十六计中的第二计,指采用包抄敌人的后方来迫使前方撤兵的战术。表面上看起来是舍近求远,实际上能从根本上解决问题。

69

项庄舞剑，意在沛公

汉·司马迁《史记·项羽本纪》:"今者项庄拔剑舞，其意常在沛公也。"

释 项庄在酒席上舞剑，企图刺杀沛公刘邦。比喻说话和行动的真实意图别有所指。

近义 醉翁之意不在酒　别有用心　　**反义** 开门见山　直截了当

秦朝末年，百姓们无法忍受秦朝的残暴统治，纷纷起义，仿佛在一夜之间，各地涌现出了许多英雄豪杰，其中最有代表性的就是项羽和刘邦。

刘邦和项羽曾经并肩作战，共同对抗秦朝，但由于刘邦率先一步攻入都城咸阳，推翻了秦朝的统治，再加上他善于笼络人心，在百姓当中有很高的威望，这让项羽十分嫉妒，想要消灭他。项羽的叔叔项伯觉得刘邦为人不错，试图从中调解，让刘邦来鸿门亲自把事情说个清楚。

项羽设宴招待刘邦，两个人举杯共饮，有说有笑，就像什么事都没发生一样，这可急坏了项羽的谋士范增。他认为这是消灭刘邦的好机会，就不断地朝项羽挤眉弄眼，提醒他赶快动手。但项羽一直犹犹豫豫地拿不定主意。范增又急又气，找来一位叫项庄的武将，对他说："你去宴席上为他们舞剑助兴，找个机会杀死刘邦！"

项庄来到大帐中间拔剑起舞，他的两只眼睛紧紧盯着刘邦，剑也离刘邦越来越近。项伯看出项庄的意图，来到大帐中间和项庄一起舞剑，用自己的身体护住了刘邦。

刘邦的谋士张良看出这里面的门道，赶紧来到营帐外对将军樊哙（kuài）说："项庄借着舞剑助兴的机会，准备刺杀沛公。情况非常危急，你赶快随我进去吧！"

樊哙气势汹汹地闯进大帐中，瞪着眼睛大声质问项羽："我家主人攻入咸阳以后，就一直小心翼翼地守护着这里的一草一木，等待着你的到来。他的功劳这么大，你不奖赏他就算了，为什么还要杀他？"

项羽被问得哑口无言。刘邦借口上厕所，找了个机会赶紧逃走了。

例句

- 边氏著书虽数十种，其宗旨无一不归于乐利主义，如项庄舞剑，意在沛公。（梁启超《边沁之政法论》）
- 他在班会上的这番发言话里有话，项庄舞剑，意在沛公。

成语个性

"沛"是地名，刘邦起义后，占领了沛县等地，所以被称为"沛公"。本成语故事就是历史上著名的"鸿门宴"。出自这场宴会的成语还有"秋毫无犯""劳苦功高""人为刀俎，我为鱼肉"。

狡兔三窟
jiǎo tù sān kū

汉·刘向《战国策·齐策四》:"狡兔有三窟,仅得免其死耳;今君有一窟,未得高枕而卧也,请为君复凿二窟。"

释 窟:洞穴。狡猾的兔子有三个窝。比喻藏身的地方多,或是为避祸做了多种准备。

孟尝君是战国时期齐国的一个贵族,他不爱金银珠宝,就爱结交四面八方的朋友,各地有才能的人听说后,纷纷投靠到他的门下。

有个叫冯谖(xuān)的人也来投奔孟尝君,孟尝君见他身上的衣服破烂不堪,觉得他没有什么本事,所以一直没有重用他。

后来孟尝君做了齐国的相国,门客越来越多,开销也越来越大。孟尝君就想派人去自己的封地薛邑,把之前借出去的钱要回来。讨债可是个费力不讨好的活,派谁去呢?这时,冯谖自告奋勇地接下了这个差事。临行前他问:"收了钱后买点儿什么回来呢?"孟尝君说:"看看我家里缺什么,先生你就看着买吧!"

那些欠债的人见孟尝君派人来讨债了,有的还了钱,有的只是还了利息,还有一些特别穷困的人实在还不起,就准备逃走。冯谖了解到这个情况后,就大摆酒席,把所有欠债的人都请过来。在酒席上,他认真核对大家的债券,了解每个人的家庭情况之后,对于那些生活贫困的人家,就把债给免了,还当着大家的面把债券也烧了,并宣称这是孟尝君的命令。百姓们激动得热泪盈眶,十分感激孟尝君的恩德。

冯谖回去后,把事情的经过告诉孟尝君,并说自己为他买了仁义回来。孟尝君得知自己损失了一大笔财产,非常不高兴。

几年后,孟尝君受人诬陷,被罢免了相国的职务,只好回到自己的封地薛邑。一到薛邑,当地百姓扶老携幼地来迎接他。孟尝君看看冯谖,感激地说:"先生当年为我买的仁义,我今天看到了!"

冯谖说:"狡猾的兔子要做三个窝,才能保住性命。您要是想高枕无忧,必须向兔子学习。现在百姓们爱戴您、感激您,这是您的第一个窝。接下来,我还要再为您建两个窝。"

冯谖去到魏国,对魏惠王说:"孟尝君曾经是齐国的相国,对齐国的情况了如指掌。如果您想打败齐国,就得赶快把孟尝君请过来。"魏惠王觉得有道理,便派人去齐国请孟尝君。

接着,冯谖又返回齐国,对齐王说:"魏惠王要请孟尝君帮忙治理国家,这对齐国非常不利,您应该想办法留住孟尝君。"齐王一听就慌了,赶紧把孟尝君请回来,让他重新当上了相国。

到这个时候,冯谖对孟尝君说:"现在您有三个窝了,可以安心睡大觉了。"

例句

- 汝狡兔三窟,何归为?(清·蒲松龄《聊斋志异·邵九娘》)
- 这伙犯罪分子狡兔三窟,警察为抓捕他们费了不少周折。

锦囊妙计 jǐn náng miào jì

明·罗贯中《三国演义》：「汝保主公入吴，当领此三个锦囊。囊中有三条妙计，依次而行。」

释 锦：有彩色花纹的丝织品。锦囊：用锦做成的袋子。原指预先写好后放在锦囊里，以便在危急时刻解决问题的好计策。后泛指解决问题的好计策、好方法。

近义 神机妙算　万全之策

反义 无计可施　一筹莫展

东汉末年，刘备占领了荆州。东吴的大都督周瑜一心想把荆州夺过来，但试了几次都没有成功。无奈之下，他和主公孙权商量，假称要把孙权的妹妹嫁给刘备，把刘备骗到东吴来，然后找机会杀死刘备，夺取荆州。

14 计谋和决断 / 计策·锦囊妙计

孙权同意了，便派人去给刘备送信。刘备有点儿动心，但他知道这是周瑜的计策，又不敢去，就和军师诸葛亮商量。诸葛亮说："您就放心地去吧！我早就想好了计策，既能让您把新娘子顺利地娶回来，还能保住荆州。"

刘备带着随从准备起身时，诸葛亮把三个编好号码的锦囊交给大将赵云，嘱咐他说："你们这次去东吴，十分凶险。这三个锦囊中各有一条妙计，你只要按照上面的计策办，就一定能平安归来。"

赵云护送刘备来到江东后，打开第一个锦囊，按照上面的计策，把刘备要和孙权的妹妹成亲的消息散播出去。这样一来，孙权就没有反悔的余地了，只好心不甘情不愿地把妹妹嫁给了刘备。

周瑜打算将计就计，用美人计把刘备软禁在东吴。这时，赵云打开了第二个锦囊，看后便神情慌张地对刘备说："不好了，曹操正率领大军攻打荆州，荆州快要保不住了。"刘备一听就急红了眼，不顾一切地带着夫人要返回荆州。

周瑜眼看计策要落空了，赶紧派兵阻拦。危难之时，赵云打开了第三个锦囊，依计在刘备夫人的帮助下，顺利逃出东吴，回到了荆州。随后，周瑜的追兵被诸葛亮设下的伏兵杀得大败而归。

周瑜本以为自己的计策万无一失，结果赔了夫人又折兵，一下子气得昏死过去。

🌰 例句

🟡 为什么叫麻烦？你的锦囊妙计在哪里呢？（叶圣陶《倪焕之》）

🟡 刘畅足智多谋，脑子里有用不完的锦囊妙计。

成语个性

从这个故事还引申出另外一个成语——赔了夫人又折兵，比喻本来想占便宜，反而遭受双重损失。

终南捷径

宋·欧阳修、宋祁《新唐书·卢藏用传》:"司马承祯尝召至阙下,将还山,藏用指终南曰:'此中大有嘉处。'承祯徐曰:'以仆视之,仕宦之捷径耳。'"

释 终南:终南山,在现在的陕西省西安市西南。指求取官职、名利的最近门路。也泛指达到目的的便捷途径。

近义 一步登天

唐朝时期,有一个人叫卢藏用,他凭借出色的才华考上了进士,但一直没有得到朝廷重用,于是一气之下跑到终南山隐居去了。

天底下有那么多山,卢藏用为什么偏偏选中了终南山呢?这是因为他的心里藏着一个小心思:自古以来,人们一听说谁在山里隐居,就认为他品德高尚、淡泊名利,是一位奇人,这样更有机会做官。而要想做大官,当然要引起皇帝的注意才行,所以卢藏用专门找离皇帝近的山隐居。皇帝在长安,他就在终南山隐居;皇帝去了洛阳,他就去嵩山,他隐居的地方总是跟着皇帝走,所以人们都叫他"随驾隐士"。

卢藏用的这一招果然有效。终于有一天,他在终南山隐居的事传到了女皇武则天的耳朵里,武则天认为他是一个人才,就请他出山,入朝为官了。

后来,有一个叫司马承祯的人也到终南山隐居。但与卢藏用不同的是,司马承祯是真的淡泊名利,不愿意当官。所以当唐玄宗来请司马承祯的时候,司马承祯一口回绝了,继续在山上过着自由自在的生活。

有一天,司马承祯和卢藏用相遇了,卢藏用指着终南山说:"这里青山绿水,风景优美,乐趣无穷啊!"

司马承祯看不惯卢藏用虚伪的嘴脸,挖苦他说:"依我看啊,何止是乐趣无穷,还是通往官场的捷径呢!"

卢藏用十分羞愧,憋了个大红脸,灰溜溜地走了。

14 计谋和决断 / 计策·终南捷径

例句

- 学习文化知识能不能走终南捷径呢？这是许多初学的同志时常提出的问题。（马南邨《燕山夜话·从三到万》）
- 成功没有什么终南捷径，踏踏实实地努力才是根本。

成语个性

终南山为道教发祥地之一，据说道家学说的创始人老子曾在这里讲授《道德经》，此后历代有不少道士、高僧、诗人、学者在此隐居。

无可奈何
wú kě nài hé

汉·刘向《战国策·燕策三》："既已，无可奈何，乃遂收盛樊於期之首，函封之。"

释 奈何：如何，怎么办。指没有办法，只有这样了。

近义 无计可施　束手无策

反义 足智多谋　兵来将挡，水来土掩

战国末年，有一个人叫樊於（wū）期，他原本是秦国的将军，因为打了败仗怕被秦王惩罚，就逃到了燕国。燕国的太子丹不顾众人反对，收留了他。秦王知道后非常气愤，一怒之下把樊於期的家人全部杀死了。

不久后，秦国要攻打燕国，太子丹吓得不知所措，赶紧和荆轲商量对策。太子丹说："秦国来势汹汹，我们肯定不是他们的对手。所以我打算让你去刺杀秦王，你有这个胆量吗？"

"当然！为了燕国，我愿意牺牲自己。"荆轲把胸口拍得咚咚响。但他很快就想到一个棘手的问题："秦王身边有许多武功高强的护卫，除非能找到一件让秦王非常满意的礼物，才有机会接近他。"

"秦国地大物博，什么样的奇珍异宝都有，什么样的礼物能让他感兴趣呢？"太子丹也陷入了沉思。

荆轲忽然想起了樊於期，说："樊於期背叛秦国，秦王对他恨之入骨，正在悬赏重金捉拿他呢！如果我把樊於期的头当作礼物送给秦王，秦王一定会放松警惕接见我。"

"樊将军在穷途末路时来投奔我，我不忍心杀他。"

荆轲见太子丹很为难，就亲自找到樊於期，问他："秦王杀害了你的全家，你想不想报仇？"

"做梦都想！"樊於期握紧拳头，咬牙切齿地回答。

"现在就有一个报仇的好机会。"荆轲说，"让我把你的头献给秦王，秦王肯定会高兴地接见我。等我靠近他时，就把刀剑刺进他的胸口，要了他的命。不知道将军你愿意吗？"

"只要能为全家人报仇，我什么都愿意做！"说完，樊於期拿起剑，自刎而死。

太子丹听到樊於期自杀的消息后，急忙赶过来，抱着他的尸体失声痛哭。可是事情已经到了这种地步，再也没有什么办法了，太子丹只好含着眼泪把樊於期的头装进盒子里，让荆轲带着去见秦王了。

例句

🔸 大哥同杨太守来拿我，实是一毫不知，既被他连累，也无可奈何了。（清·陈忱《水浒后传》）

🔸 爸爸答应戒烟，却总是忍不住，真让人无可奈何。

成语个性

也写作"莫可奈何"。"无可奈何"和"迫不得已"都含有没有办法的意思。但"迫不得已"强调的是因为被逼迫，才不得不这样。

从长计议
cóng cháng jì yì

春秋·左丘明《左传·僖公四年》：「筮(shì)短龟长，不如从长。」

释 用较长的时间慎重考虑、仔细商量。指对事情慎重处理，不急于做决定。

近义 深思熟虑 三思而行　　**反义** 操之过急 欲速则不达

春秋时期，晋献公非常宠爱骊(lí)姬，想把她立为夫人。他对负责占卜的官员说："我想立骊姬为夫人，你占卜一下看看吉不吉利。"那人用龟甲占卜之后皱着眉说："主公，龟甲上的裂纹显示，这样做会给晋国带来灾祸，不吉利。"晋献公气愤地说："胡说！我不相信，你再用蓍(shī)草试一试。"

那人又用蓍草占卜，结果显示非常吉利。于是，晋献公高兴地说："我就知道骊姬会给我带来好运气，就按照蓍草占卜的结果做吧。"

占卜的人提醒他说："蓍草只能占卜出最近一段时间的运势，而龟甲占卜的结果更长远，立骊姬为夫人的事，请主公从长计议，再认真考虑一下吧！"大臣们也纷纷劝阻晋献公，可晋献公一意孤行，还是把骊姬封为了夫人。

后来，骊姬生下了一个儿子。她想让自己的儿子当太子，继承君位，便想方设法要除掉现在的太子申生。

有一天，骊姬对申生说："我昨天梦见你的母亲了，她在我面前痛哭流涕，说非常想念你。你去祭祀一下母亲吧，回来的时候把祭祀用的肉带给你的父亲吃。他看到你这么孝顺，一定非常高兴。"

申生不知道这是骊姬的诡计，祭祀完母亲，便把肉带了回来。恰巧，晋献公出门打猎了，申生便把肉交给了骊姬，骊姬却在这肉里放了毒药。

等晋献公回来后，骊姬把祭肉送到晋献公面前，说："这是太子申生带回来的祭肉，专门孝敬你的。"

晋献公随手扔给狗一块肉，狗吃下后就倒在地上死了。骊姬装模作样地哭喊着说："这肉有毒！申生想毒杀自己的亲生父亲，他的心太狠毒了！"

晋献公下令追杀太子。太子知道是骊姬在陷害自己，但他没有证据，走投无路之下，上吊自尽了。

之后，骊姬又设计赶走了其他妃子生的儿子，让自己的儿子顺利地当上了太子。

例句

少奶奶到了此时，真是无可如何，只得说道："公公婆婆，且先请起，凡事都可以从长计议。"（清·吴趼人《二十年目睹之怪现状》）

事关重大，我们还是先告诉老师，再从长计议吧！

成语个性

在我国商、周时代，人们习惯用龟甲占卜事情的吉凶，大致方法是用火炙烧龟甲，通过龟甲上出现的裂纹形状判断吉凶。中国最古老的文字甲骨文就是刻写在龟甲和兽骨上的卜辞。

过河拆桥

guò hé chāi qiáo

明·宋濂《元史·彻里帖木儿传》："治书侍御史普化诮有壬曰：'参政可谓过河拆桥者矣。'"

释 自己过了河，就把桥拆掉。比喻目的达到后，就把帮助过自己的人一脚踢开。

近义 兔死狗烹 鸟尽弓藏 卸磨杀驴　　**反义** 饮水思源 知恩图报 结草衔环

　　从隋唐开始，历经数个朝代，官员的选拔都是通过科举考试进行的。到了元朝，大臣彻里帖木儿认为科举制度有很多弊端，不能为国家选拔真正有用的人才。于是，他禀告皇帝，请求废除科举制度，皇帝同意了。

　　科举制度已经盛行了几百年，想要一下子废除哪有那么容易？这个消息像往水中投入一块巨大的石头一样，瞬间就激起了层层浪花。

　　朝中的大臣都是通过科举考试当官的，所以除了太师伯颜以外，大部分人都反对废除科举制度。其中有一个叫许有壬的大臣表现得最为激烈，他对太师伯颜说：

"科举制度可以让普通的读书人施展才华，有机会成为国家的栋梁之才，不能废除啊！"

伯颜却说："这种选拔人才的方式给很多官员提供了贪赃枉法的机会，早就应该改革了。"

他们两人你一言我一语，都快把屋顶吵翻了。伯颜虽然觉得许有壬说得也有道理，但废除科举制的诏书已经写好，没有更改的余地了，只好好言劝说许有壬，还夸他能说会道。许有壬气鼓鼓地说："再能说又有什么用？"

第二天，皇帝把大臣们召集在一起，准备宣读废除科举制度的诏书。许有壬站在人群中，满脸不服气。皇帝看出他的心思，就把他叫到最前面，说："你就站在这里吧，听得清楚！"许有壬虽然憋了一肚子气，但怕惹祸上身，也就不敢再提异议了。

宣读完诏书，皇帝走了之后，有个人讽刺许有壬说："你是通过科举考试才入朝为官的，现在却站在最前面，带头拥护废除科举制度。这就像你从桥上过了河，就把桥拆掉一样，会被世人唾骂的。"

许有壬气得脸色苍白，以此为奇耻大辱，回到家后就开始装病，再也不上朝了。

🍫 例句

🎧 及至听到老头子往外赶祥子，他们又向着他了——祥子受了那么多的累，过河拆桥，老头子翻脸不认人，他们替祥子不平。（老舍《骆驼祥子》）

🎧 对于那些帮助过我们的人，我们决不能忘恩负义、过河拆桥。

成语个性

我国古代的科举制度从隋唐时期开始实行，到1905年的最后一次科举考试，总共延续了约1300年。元朝建立四十多年后才正式开始科举取士，后来一度废除，不过几年后便恢复了，总共举行了十六次科举考试。

鸟尽弓藏
niǎo jìn gōng cáng

汉·司马迁《史记·越王勾践世家》："蜚（飞）鸟尽，良弓藏；狡兔死，走狗烹。"

14 计谋和决断 / 忘本·鸟尽弓藏

释 鸟打光后就把弓收起来了。比喻事情成功之后，曾经出过力的人就被抛弃了。

近义 过河拆桥　兔死狗烹

反义 饮水思源　知恩图报

春秋末期，越国被吴国打败了。在生死存亡之际，越王勾践听从范蠡（lí）的建议，带着厚礼去向吴王讲和。后来，越王勾践为保住越国，在吴国给吴王做了三年奴仆，受尽屈辱。

回到越国后，越王卧薪尝胆，发誓一定要使越国强大起来。他任用范蠡和文种两位大臣治理国家，十年之后，越国变得国富民强。越王勾践见时机已到，率领大军消灭了吴国。

这次的胜利来得太不容易了！越王勾践终于扬眉吐气，大摆筵席和大臣们一起庆祝。在这些大臣当中，文种和范蠡的功劳最大，越王勾践想好好感谢他们，可是他在人群中找来找去，却没看见范蠡的身影。

"范蠡去哪儿了？"越王勾践派人找了一晚上，都没有找到。第二天，有人在湖边捡到了范蠡的衣服，大家都以为他掉进湖中淹死了。

不久后的一天，文种正在家中休息，忽然有人送来一封信。文种打开信，一眼就看出是范蠡的笔迹，信上说："你和我辅佐大王这么多年，对他的为人都十分了解。他只能与别人一起共患难，不能和别人一起享安乐。鸟打完了，就把弓收起来扔在一边；野兔打光了，就把猎狗煮着吃了。如今吴国已经灭掉了，我们这些大臣留着也就没什么用了。用不了多久，他就会把我们一个一个地杀死。你要尽快离开他，免得惹上杀身之祸。"

"范蠡想得太多了，越王怎么会杀有功之臣呢？"文种虽然不大相信，心里还是很害怕。他既不想像范蠡那样一走了之，又不敢和越王走得太近，因此只能躲在家里装病。结果没过多久，越王勾践开始怀疑文种对自己不忠诚，让他拔剑自尽了。

例句

🍀 小弟从征方腊回来，苦劝我东人隐逸。明知有"鸟尽弓藏"之祸，东人欲享富贵，坚执不从。（清·陈忱《水浒后传》）

🍀 刘叔叔为公司贡献出了一切，可是公司发展壮大后，老板却鸟尽弓藏，把他开除了。

成语个性

这个成语常与"兔死狗烹"连用，用来形容忘恩负义、不知恩图报的人。

捷足先登
jié zú xiān dēng

汉·司马迁《史记·淮阴侯列传》:"秦失其鹿,天下共逐之,于是高材疾足者先得焉。"

释 捷足:脚步敏捷。行动敏捷的人先达到目的或先得到所追求的东西。

近义 近水楼台　　**反义** 姗姗来迟

在中国历史上,有一位特别善于用兵的大将军,名叫韩信。韩信是西汉的开国功臣,他帮助刘邦打败项羽,平定战乱,为西汉的建立和国家的统一做出了突出的

贡献。

当初，刘邦与项羽争夺天下时，就对自己的这位大将又敬又怕，敬的是他有出色的军事才能，是一位难得的人才；怕的是，万一哪天他背叛自己，投靠了敌人，会给自己带来灾祸。

韩信的谋士蒯（kuǎi）通看穿了刘邦的心思，于是对韩信说："刘邦不信任你，你应该去投靠项羽。凭着你的能力，完全可以称霸天下。"但韩信觉得刘邦对自己有知遇之恩，没有听从蒯通的建议。

后来，刘邦当上了皇帝，果然把韩信从诸侯王降为淮阴侯。韩信非常不满，打算联合其他人造反，但因计划败露，被刘邦的妻子吕后骗到皇宫里杀害了。临死之前，韩信悔恨交加地说："我真后悔当初没有听从蒯通的建议，去投靠项羽，如今却落了个这样的下场！"

韩信的话传到了刘邦的耳朵里，刘邦立刻派人把蒯通抓了起来。他大声质问蒯通："你为什么要鼓动韩信造反？"

蒯通叹着气说："哎，如果当初韩信肯听我的建议，也许就不会死了。"

"大胆！你不要命了吗？"刘邦气得把桌子拍得震天响。

蒯通一点儿也不害怕，反而抬起头理直气壮地说："当年的局面，就像秦朝丢掉了自己的梅花鹿，天下的英雄都来追逐它，谁的个子高、腿长、跑得快，谁就能抢先抓到鹿。在那个乱世之中，谁不想称王称霸，一统天下呢？只不过您有才能、有胆识，抢在别人前面达到了目的而已。难道您现在要把那些失败的人统统杀死吗？"

刘邦想了想，觉得蒯通说得非常有道理，就把他放了。

14 计谋和决断 · 时机 · 捷足先登

例句

🍂 说罢刚刚站起身来，另有几个学生早已一拥而前，其中有一个捷足先登，占了那座位。（张爱玲《茉莉香片》）

🍂 机会是不等人的，如果你再不采取行动，别人一定会捷足先登。

成语个性

也写作"捷足先得""疾足先得"。

万事俱备，只欠东风

明·罗贯中《三国演义》："欲破曹公，宜用火攻，万事俱备，只欠东风。"

释 原指三国时周瑜计划火攻曹营，一切都准备好了，只差东风还没有刮起来，不能放火。比喻什么都已经准备好，只差最后一个重要条件了。

近义 摩厉以须　蓄势待发

反义 措手不及　手忙脚乱

东汉末年，曹操统一北方之后，就亲自率领大军南下，打算一鼓作气消灭刘备和孙权。刘备和孙权见曹操来势汹汹，赶紧联合起来，共同对抗曹军。双方军队在长江两岸整装待发，一场水上大战即将打响。

曹操和他的士兵都是北方人，很少登船。等他们上了船才发现，船在江面上摇摇晃晃，站都站不稳。这样的状态怎么能打胜仗呢？曹操急得抓耳挠腮，眉毛拧成了黑疙瘩。

这时，有人对曹操说："我们把船绑在一起，船就不会左右摇晃了。"

"这个主意太棒了！"曹操赶紧下令，把所有的战船都用铁链拴起来，并在上面铺上木板。士兵们再上船，果然就像在平地上一样平稳。

孙权他们得到这个消息，高兴得差点儿跳起来。周瑜说："人人都说曹操聪明，我看他愚蠢至极。把战船连在一起，我们只要放一把火，就能给他烧个精光，他竟然没有想到这一点。"

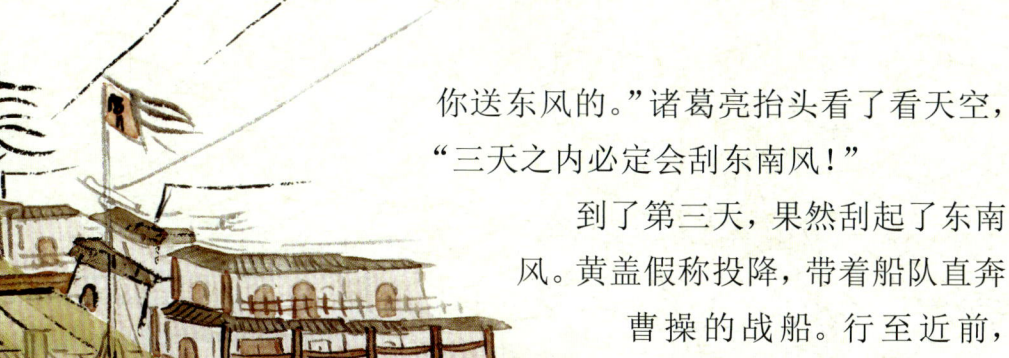

14 计谋和决断 时机·万事俱备，只欠东风

你送东风的。"诸葛亮抬头看了看天空，"三天之内必定会刮东南风！"

到了第三天，果然刮起了东南风。黄盖假称投降，带着船队直奔曹操的战船。行至近前，曹操发现船上不是士兵，而是芦苇。他正在纳闷，芦苇上突然蹿出火光，迅速燃烧起来。

黄盖带领士兵跳到一只小船上逃走了，装有芦苇的船趁着东南风，飞快地冲进曹操的船队中。曹操慌了手脚，想要逃走，可船都被绑在了一起，动弹不得。

大火借着风势越烧越旺，很快就烧光了曹操的战船。曹操在部下的掩护下，好不容易才保住了性命。

于是，周瑜让人在数十条船上装满容易烧着的芦苇，然后使出"苦肉计"，当着所有人的面痛打老将黄盖，让黄盖假装心生怨恨而去投靠曹操。

一切准备就绪，周瑜却高兴不起来。因为曹操在长江北岸，只有刮起东南风才能把火引向曹操的战船。可是当时的季节刮的是西北风，这可怎么办呢？

周瑜正在发愁时，诸葛亮来了。"不用急不用慌，我知道你已经做好一切准备，就等着东风刮起来了。所以，我是特意来给

🌰 例句

🍂 对了，正是万事俱备，只欠东风。什么都有了，可是土地还缺着哪。（欧阳山《三家巷》）

🍂 今天是我的生日，丰盛的饭菜都准备好了，只剩订的蛋糕还没有送来。真是万事俱备，只欠东风啊！

成语个性

"俱备"的意思是一切都准备好了，"俱"指全、都，不能写作"具"。

93

及锋而试
jí fēng ér shì

汉·司马迁《史记·高祖本纪》："军吏士卒皆山东之人也，日夜跂（qǐ）而望归，及其锋而用之，可以有大功。"

释 及：趁着，乘。锋：锋利。试：用。趁锋利的时候用它。原指乘士气高涨的时候使用军队。后泛指乘着有利的时机行动。

近义 趁热打铁

反义 坐失良机

秦朝末年，秦王朝统治残暴，各路英雄纷纷集结起起义队伍，想要推翻秦朝政权。

公元前206年，刘邦率兵攻破秦朝的都城咸阳，看着富丽堂皇的宫殿，他欣喜若狂，舍不得离开。部下樊哙和张良看出刘邦的心思，就劝他说："现在我们的势力还很弱，不能和其他的武装力量抗衡，还是先撤回城外霸上去吧。等我们的势力壮大了，一个小小的咸阳城又算得了什么呢？整个天下都是您的！"刘邦醒悟过来，安抚好百姓之后就撤出了咸阳。

不久后，各路起义军首领中

14 计谋和决断 / 时机·及锋而试

势力最强大的项羽来到咸阳，他自封为西楚霸王，并把其他英雄一一封了王。项羽担心第一个攻进咸阳的刘邦抢了自己的风头，就把刘邦封为汉王，让他带着三万士兵去了咸阳西南边的汉中。

汉中又偏僻又荒凉，生活条件十分艰苦。刘邦的部下有的水土不服，有的想念家乡的亲人，有的吃不了苦，一个个找机会逃走了。刘邦看着自己的士兵越来越少，力量越来越薄弱，心里非常着急。

大将军韩信安慰刘邦说："士兵们有情绪也不一定是坏事。"

"难道还是好事吗？"刘邦满肚子怒气地问道。

韩信说："第一个攻入咸阳的人是您，而项羽却抢了您的功劳。虽然您嘴上不说，但我知道您这样忍气吞声，就是在等待机会打败项羽。现在机会来了！士兵们远离家乡，日日夜夜都盼望着能早日回去和家人团聚。如果您现在趁着士气高涨的时候号召他们打回家乡去，就像趁着宝剑锋利时使用它，一定能大获全胜。如果等到天下安宁、人心稳定，再想要发动他们打仗可就难了。"

刘邦也觉得时机已经成熟，就采纳了韩信的建议，和项羽展开了争夺天下的楚汉战争。四年后，刘邦打败了项羽，统一了全国，建立了汉朝。

例句

🍂 此后自当避免此无须必践的荆棘，养精蓄锐，以待及锋而试。（鲁迅《两地书》）

🍂 这次比赛我们占据了天时地利人和的有利条件，一定要及锋而试，打场漂亮的翻身仗。

机不可失
jī bù kě shī

元·脱脱《宋史·韩世忠传》：「金人废刘豫，中原震动，世忠谓机不可失，请全师北讨，招纳归附，为恢复计。」

释 机会难得，不可错过。

近义 机不旋踵 趁热打铁　**反义** 坐失良机 失之交臂

南宋时期，有一个人叫韩世忠，他从小就喜欢舞刀弄棒，练就了一身好武艺。十八岁那年，他参军入伍，加入了对抗金兵的战斗中。他英勇善战、有勇有谋，很快便脱颖而出，成了威武不凡的大将军。

有一年，金兵围攻山东济南。镇守济南的刘豫吓破了胆，不但投降，还把整个山东当作礼物送给了金朝。金朝皇帝非常高兴，给了刘豫一个"大齐儿皇帝"的封号。卖国投敌的汉奸竟然当上了皇帝，这让宋朝的将领们十分气愤，接二连三地向刘豫发起进攻，刘豫抵抗不住，节节败退。金朝的大将金兀术（wù zhú）见刘豫如此无能，一怒之下，率兵包围了刘豫的宫殿，逼迫他退位。

这种情况下，韩世忠对宋高宗说："现在正是击退金兵的大好时机，这样的好机会不应错失，我们应该集中起全国的兵力北伐，把金兵赶出中原，收复失地。"

当时，朝中的另外一位大臣秦桧（huì）是个主降派，他说："金兵来势汹汹，很不好惹。如果真的打起来，我们占不到什么便宜。与其出兵冒险，不如主动与金朝讲和。这样我们不费一兵一卒，就能让战争平息下来。"

秦桧在朝中的权力非常大，大臣们都不敢得罪他，就随着他的意思，纷纷劝宋高宗和金朝议和，不要出兵。宋高宗本来就害怕金兵，只是没有说出来，现在正好有了台阶，赶紧采纳了秦桧的建议，错失了打退金兵的好机会。

韩世忠又气愤又失望，干脆辞了官职，带着一两个仆人游山玩水，再也不管战场上的事了。

例句

🍂 机不可失，这正是革命力量重新振兴之时。（耿可员《孙中山与宋庆龄》）

🍂 我们必须抓住机会努力学习，机不可失，时不再来。

成语个性

"机不可失"常与"时不再来"连用，指好的时机不可放过，失掉了就不会再来，警示人们时机难得，必须好好把握。其中的"时"是时机的意思，不能写作"失"。

举棋不定
jǔ qí bú dìng

春秋·左丘明《左传·襄公二十五年》:"弈者举棋不定,不胜其耦(ǒu)。"

释 下棋的时候,拿着棋子不知该走哪一步。比喻做事情时有很多顾忌,犹豫不决。

近义 优柔寡断 首鼠两端 犹豫不决　　**反义** 当机立断 斩钉截铁 破釜沉舟

春秋时期,卫国的国君卫献公天天只顾着喝酒打猎,根本不管国家大事,卫国的两位大臣孙文子和宁惠子认为他不适合当国君,就联合起来把他赶走了,让卫殇(shāng)公当了国君。

后来,宁惠子得了重病,临死之前把儿子宁悼子叫到身边说:"我这辈子只做过一件错事,就是把卫献公赶跑了,害得他无家可归,一直在外面流浪。卫献公就算再昏庸骄横,他也是国君啊!而我作为臣子,竟然做出这样的事。每次想到这件事,我就十分后悔。等我死后,你一定要把卫献公接回来,辅佐他重新当上卫国的国君。"宁悼子答应帮父亲达成心愿。

宁惠子死后,流亡在外的卫献公得到消息,立刻派人找到宁悼子,信誓旦旦地保证说:"如果你能帮助我重新当上卫国国君,朝中的大事都由你做主。我自己什么事也不管,只挂一个国君的虚名。"

宁悼子答应了,但其他人都反对他这么做。他们对宁悼子说:"君子做任何事之前,都要考虑到结果,一定要想好了再去做。下棋的时候,如果下棋的人拿着棋子犹豫不决,都会导致失败,更何况是拥立国君这样的大事。之前你父亲赶跑了卫献公,现在你听了他的三言两语又要把他接回来,你们这么摇摆不定,一定会惹祸上身的!"

可是宁悼子一门心思想要执掌国家大权,根本听不进劝告,他最终还是谋杀了卫殇公,把卫献公接了回来。但是让宁悼子没想到的是,卫献公回国后做的第一件事,就是杀了宁悼子,报了当年被驱逐的仇。

14 计谋和决断

犹豫·举棋不定

成语个性

这个成语化用了下棋时的情景，常用来比喻遇事犹豫不决，缺乏主见。除了"举棋不定"之外，和下棋有关的成语还有"棋逢对手""棋高一着（zhāo）""丢卒保车（jū）""当局者迷，旁观者清""一着不慎，满盘皆输"等。

例句

- 他的确也曾望着长江的上游喟然叹息，也曾举棋不定而多牢骚，但是到底再度振刷精神，在敌人的轰炸下，把设备和熟练工人拖过三峡。（茅盾《清明前后》）
- 遇到事情就举棋不定，拿不定主意的人，会失去很多机会。

先斩后奏

东汉·班固《汉书·申屠嘉传》："吾悔不先斩错乃请之。"颜师古注："言先斩而后奏。"

释 原指古代办案官员先把罪犯处决，然后再向帝王报告。比喻先果断地把事情处理完，再向上级或有关部门报告。

西汉景帝时期，有一个大臣备受皇帝的赏识和宠信，他就是晁（cháo）错。汉景帝还是太子的时候，晁错就是他的老师。

汉景帝继位以后，更加重用晁错，提拔他当了内史，不但经常单独召见他商讨国家大事，而且非常听他的话，只要是晁错提出的建议，汉景帝全都采纳，这引起了朝中很多大臣的不满。

丞相申屠嘉曾经跟随汉高祖刘邦南征百战，建立了汉朝，是汉朝的开国元老。论资格，他在朝中是最老的；论功劳，没有一个大臣能比得上他。可是晁错一上任，就抢了申屠嘉的风头，汉景帝把国家大事都交给晁错处理，这让申屠嘉的心里特别不舒服。但晁错一心为国家出力，并没有做错什么，所以申屠嘉也无话可说。

有一天，申屠嘉突然听到一个消息，说晁错在内史府的南墙上凿开了一道门。原来，内史府的大门开在东墙上，但晁错觉得这样进出很不方便，便在南面的墙上又开了一道门。而南面的墙恰好是太上皇宗庙的外墙，没有皇帝的命令，是不能擅自改动的。申屠嘉觉得这是扳倒晁错的大好机会，赶紧写好奏折，准备第二天上朝的时候交给汉景帝。

可是当天晚上晁错就得到了消息，他连夜跑到汉景帝面前，说："我私自开通一扇门，是为了能更快捷地把心中所想的事情禀告给您，请您千万不要怪罪。"

"好了，我知道了。"汉景帝挥挥手让晁错回家了。

第二天，申屠嘉义正词严地斥责晁错以下犯上，对太上皇不敬，请求汉景帝下令斩了他。汉景帝却说："晁错凿的只是太上皇宗庙的外墙，而且是我让他这么干的。晁错没有罪，你就不要追究了。"

申屠嘉见汉景帝这么偏袒晁错，气得浑身发抖。退朝后，他对其他官员说："我真后悔呀，没有先斩了晁错，再向皇上奏报这件事。结果倒被他给耍了！"回到家后，他"哇"地吐了一口鲜血，没过多久就死了。

成语个性

在古代，一些手握大权的官员可以对重犯先行处决，再向朝廷禀报，这就是"先斩后奏"的本意。现在这个成语比喻遇事不先请示，自己做主办完以后再向上级报告，或是告知相关部门、相关当事人，使用范围非常广泛。

14 计谋和决断 / 果断·先斩后奏

🐟 例句

🟡 这个事非我自己办不可，我就挑上了你，咱们是先斩后奏。（老舍《骆驼祥子》）

🟡 小明看中了一本漫画书，他决定先斩后奏，先把它买回来再告诉妈妈。

101

宁为玉碎，不为瓦全

唐·李百药《北齐书·元景安传》："岂得弃本宗，逐他姓，大丈夫宁可玉碎，不能瓦全。"

释 宁可做玉被打碎，也不做瓦而得以保全。比喻宁可为正义事业而死，也不丧失气节，苟且偷生。

近义 宁死不屈　　**反义** 苟且偷生

南北朝时期，东魏权臣高洋逼迫皇帝元善见退位，自己当上了皇帝，建立了北齐。有一天，出现了日食现象，原本艳阳高照的大晴天突然黑了下来。在古人看来，日食代表着灾祸，是不祥的征兆。

高洋干了坏事，本来心里就发虚，看见日食更加惶恐不安，就问身边的大臣：

"我在皇位上坐得不踏实，总是担心元善见东山再起，对我不利。你们说应该怎么办？"

"斩草除根，把元善见家族的人全部杀死。"一个大臣建议道。

高洋听从他的建议，先杀死了元善见和他的三个儿子，接着又把东魏皇室的元姓近亲杀了几十户。这样一来，那些皇室的远亲都人心惶惶，赶紧聚到一起商量对策。

有个叫元景安的人灵机一动，说："高洋杀的是姓元的人，我们把姓改了，不就能保住性命了吗？"

"改成哪个姓氏？"有人问。

元景安说："跟随高洋，也姓高吧。这样我们就成了一家人，他就不会杀我们了。"

"这个主意不错。"人们纷纷点头。

这时，人群中站出一个人，慷慨激昂地说："大丈夫宁可做高傲的玉器被人打碎，也不做平庸的瓦片保全自己。我行不更名坐不改姓，永远是元家的子孙！"

说这话的不是别人，正是元景安的堂兄元景皓。他不但自己不改姓，还劝说其他人也不要这么做。可是元景安是个贪生怕死的人，为了保住性命，他把元景皓的话告诉了高洋，结果元景皓被高洋残忍地处死了。

例句

宁为玉碎，不为瓦全，无耻苟活，生不如死。（刘绍棠《花街》）

老爷爷宁为玉碎，不为瓦全，和敌人同归于尽了。

成语个性

宁为，也作"宁可"；不为，也作"不能"。注意，本成语中的"宁"读 nìng。宁可、宁愿、宁肯、宁缺毋滥、宁死不屈、宁折不弯中的"宁"都读 nìng。

13 学识和见识
附录 分类成语

博学
立地书橱（4）
两脚书橱
饱学之士

硕学通儒
学富五车
读书破万卷
满腹经纶
满腹文章

博览群书
博古通今
茹古涵今
博洽多闻
博闻多识
博闻强记

博闻强识
博物洽闻
博物多闻
博学多才
博学多闻
汪洋浩博

无所不通
无所不知
无所不晓
问一答十
学贯中西
学究天人

知来藏往
引经据典
旁征博引
厚积薄发

藏书
汗牛充栋
左图右史

插架万轴
牙签万轴

万签插架
坐拥百城

卷帙浩繁

远见
曲突徙薪（6）
居安思危
安不忘危

防微杜渐
杜渐防萌
有备无患
防患未然
未雨绸缪
未卜先知

先知先觉
先见之明
目光如炬
料事如神
奇货可居（8）

深思远虑（10）
深谋远虑
高识远见
远见卓识
高瞻远瞩

人无远虑，必有近忧
生于忧患，死于安乐

塞翁失马，焉知非福（12）

推断
见微知著
睹微知著
以微知著

一叶知秋
叶落知秋
尝鼎一脔
月晕而风，础润而雨

月晕础润
以往鉴来
鉴往知来
数往知来
举一反三

闻一知十
以一知万
问牛知马
可见一斑
略见一斑

顾名思义
可想而知
推而广之
由此及彼
观过知仁

见识
从善如流（14）
从谏如流
博采众议
兼容并包
兼收并蓄

兼听则明，偏信则暗（16）
火眼金睛
耳聪目明
心明眼亮
明察秋毫（18）

明镜高悬
秦镜高悬
洞见症结
洞若观火
洞烛其奸
旁观者清
一得之愚（20）

别具只眼
所见略同
英雄所见略同
真知灼见（22）
明辨是非
识途老马

老马识途（24）
少年老成
斫轮老手
有识之士
见多识广
久经沙场
身经百战

三折其肱
行易知难
知难行易
大开眼界
眼空四海
家常便饭
司空见惯
见怪不怪

13 学识和见识

附录 分类成语

习以为常	识时达变	古为今用	前车之鉴	前事不忘，
不经一事，	识时务者	尽信书	殷鉴不远	后事之师
不长一智	为俊杰	不如无书	引以为戒	

片面

以蠡测海	管中窥豹（26）	一叶障目（30）	目不见睫（32）	一知半解	闭目塞听
以管窥天	扣盘扪烛（28）	一叶蔽目	犀牛望月	断章取义	门户之见
管窥蠡测	盲人摸象	只见树木，不见森林	一孔之见 一隅之见	以偏概全 以耳代目 偏听偏信	囿于成见 越凫楚乙（34）

目光短浅

目光短浅	杀鸡取卵	螳螂捕蝉，黄雀在后（36）	不识时务（38）	厝火积薪
目光如豆	竭泽而渔			驽马恋栈豆
鼠目寸光	焚林而田		燕雀处堂	

见识浅薄

有眼无珠	牝牡骊黄	少见多怪	瓮里醯鸡	矮子观场
肉食者鄙	以筌为鱼	蜀犬吠日（42）	夏虫不可以语冰	
坐井观天（40）	不识抬举	粤犬吠雪	听风是雨	
老眼昏花	察察为明	吴牛喘月（44）	人云亦云	
肉眼凡夫	井底之蛙 小黠大痴		矮子看戏	
有眼如盲	买椟还珠 少不更事			

事理

显而易见	颠扑不破	理所当然	众所周知	大是大非
在所难免	人之常情	天经地义	人所共知	
必由之路	金科玉律	合情合理	名正言顺	妇孺皆知
不二法门	放之四海	入情入理	习焉不察	青红皂白
概莫能外	而皆准	不在话下	尽人皆知	是非曲直

学识

真才实学	通文达理	知书达理	升堂入室
书通二酉	知书达礼	博大精深	博而不精
识文断字	通幽洞微	知书识礼	登堂入室

105

13 学识和见识

学识浅陋
才疏学浅　尺二秀才　浅见寡闻　略知一二　见笑大方
学疏才浅　吴下阿蒙　附庸风雅　望文生义　口耳之学
冬烘先生　孤陋寡闻　略识之无　贻笑大方　白首空归

无知
目不识丁（46）
不学无术　不得而知　不知轻重　愚昧无知　夜郎自大（52）
胸无点墨　不知端倪　不知高低　一窍不通（50）
空空如也　不知就里　不知深浅　数典忘祖
一事不知（48）　不知甘苦　不知天高地厚　不辨菽麦
不识一丁　　　不知好歹　　　　　　　　心中无数
不识之无　一无所知　不识好歹　愚不可及　盲人瞎马

迷惑
百思不解
难以置信　莫明其妙　五里雾中　当局者迷　满腹狐疑
不知所以　如堕五里雾中　雾里看花　不甚了了　满腹疑团
没头没脑　　　　　　　一头雾水　似懂非懂
不得要领　大惑不解　如堕烟雾　云里雾里　真伪莫辨
不可思议　莫名其妙　如坐云雾　目迷五色　捉摸不定

领悟
拨云见日
大彻大悟　茅塞顿开　大梦初醒　不言而喻　虚往实归
恍然大悟　顿开茅塞　醍醐灌顶　心领神会　受益匪浅
豁然贯通　如梦初醒　振聋发聩　心照不宣
心开目明　豁然开朗　如梦方醒　发聋振聩　心知肚明

熟悉了解
似曾相识
熟门熟路　了然于心　知彼知己　如人饮水，冷暖自知
倒背如流　了如指掌　知己知彼
滚瓜烂熟　了若指掌　知根知底　冷暖自知
烂熟于胸　如数家珍　自知之明

106

14 计谋和决断

附录 分类成语

计策

尔虞我诈（54）
尔诈我虞
兵不厌诈（56）
唱筹量沙（58）
望梅止渴（60）
假道伐虢
借刀杀人
二桃杀三士

假手于人
化整为零
各个击破
避实就虚
声东击西
反其道而行之
三十六计，走为上计（62）
太公钓鱼，愿者上钩（64）
釜底抽薪（66）

调虎离山
围魏救赵（68）
围城打援
远交近攻
纵横捭阖
先礼后兵
项庄舞剑，意在沛公（70）
明修栈道，暗度陈仓（72）
瞒天过海
金蝉脱壳

狡兔三窟（74）
移花接木
顺手牵羊
以毒攻毒
将计就计
将错就错
装疯卖傻
以攻为守
以守为攻
以屈求伸
以柔克刚
以退为进
以逸待劳
抛砖引玉

引蛇出洞
诱敌深入
请君入瓮（76）
上楼去梯
欲擒故纵
欲取姑予
欲取姑与
将欲取之，必先与之
将欲取之，必先予之
七擒七纵
穷寇勿追
灵丹妙药

锦囊妙计（78）
权宜之计
缓兵之计
韬晦之计
万全之策
终南捷径（80）
糖衣炮弹
阴谋诡计
鬼蜮伎俩
故伎重演

计穷

望洋兴叹

无可奈何（82）
软硬不吃

无从下手
无计可施
计无所出

半筹不纳
一筹不吐
一筹莫展

束手无策

思考

冥思苦想

苦思冥想
左思右想
前思后想

思前想后
胡思乱想
若有所思

百思不解
千思万虑
搜肠刮肚

搜索枯肠
运用之妙，存乎一心

千虑一得

谋划

从长计议（84）
长久之计
百年大计

蓄谋已久
处心积虑
穷思极虑
殚精竭虑
别有用心
费尽心机

心劳日拙
机关算尽
机关用尽
如意算盘
用心良苦
煞费苦心

苦心孤诣
苦心经营
老谋深算
深谋远虑
深思熟虑
深思远虑

挖空心思
想方设法
千方百计
出谋划策
借箸代筹
以售其奸

集思广益
群策群力
篝火狐鸣

附录 分类成语 14 计谋和决断

疏忽	百密一疏	千虑一失	智者千虑，必有一失	一着不慎，满盘皆输	
	麻痹大意	一念之差			

预料	不出所料				
	果不其然				

意外	始料未及	措手不及	不期而然	一反常态	出人意料
	突如其来	猝不及防	意想不到	出乎意料	
始料不及	从天而降	防不胜防	鬼使神差	出人意表	

智谋	算无遗策	雄才大略	胸中甲兵	诡计多端	计上心来
	计出万全	宏才大略	运筹帷幄	机变如神	匹夫之勇
房谋杜断	神机妙算	宏图大略	决胜千里	情急智生	有勇无谋
足智多谋	鬼神不测	六韬三略	剑走偏锋	急中生智	
谋无遗策	神鬼莫测	龙韬虎略	出奇制胜	灵机一动	

决断	审时度势	小不忍	壮士断腕	去伪存真	收回成命
	权衡轻重	则乱大谋	宁缺毋滥	择善而从	
多谋善断	一锤定音	兵来将挡，	宁缺勿滥	择善而行	
能谋善断	一槌定音	水来土掩	趋吉避凶	来者不善	
剖决如流	心血来潮	丢卒保车	趋利避害	不置可否	
揆情度理	意气用事	壮士解腕	去危就安	悬而未决	

忘本	过河拆桥 (86)	卸磨杀驴 得鱼忘筌	鸟尽弓藏 (88)	狡兔死， 良狗烹	兔死狗烹

时机	先下手 为强	出其不意 攻其无备	乘虚而入 突然袭击	万事俱备， 只欠东风 (92)	及锋而试 (94)
捷足先登 (90)	先发制人 后发制人	攻其不备 乘其不备	按兵不动 待时而动	瓜熟蒂落	趁热打铁 事不宜迟

14 计谋和决断

附录 分类成语

无隙可乘　有机可乘　**机不可失**　百年不遇　坐失良机
观衅伺隙　可乘之机　**（96）**　千载难逢
因利乘便　机不旋踵　时不再来　不失时机

犹豫

犹豫不决　逡巡不进　瞻前顾后　当断不断　疑行无成
委决不下　逡巡不前　患得患失　畏首畏尾　疑事无功
半信半疑　裹足不前　首鼠两端　**举棋不定**
将信将疑　踟蹰不前　何去何从　**（98）**　束手束脚
迟疑不决　踌躇不决　后顾之忧　优柔寡断　缩手缩脚
狐疑不决　踌躇不前　耳软心活　模棱两可　缩头缩脑
　　　　　　　　　　　　　　　　　　投鼠忌器

果断

　　　　义无反顾　毅然决然　言信行果　在所不惜　心甘情愿
　　　　堕甑不顾　勇猛果敢　**宁为玉碎，**　深信不疑　甘心情愿
风雨无阻　**先斩后奏**　斩钉截铁　**不为瓦全**　不容置疑　自觉自愿
事在必行　**（100）**　言必信，　**（102）**　旗帜鲜明
势在必行　当机立断　行必果　在所不辞　死心塌地

无奈

　　　　身不由己　万不得已　　　　　### 法令　严刑峻法
　　　　万般无奈　不得已　　　　　　　　　　　网漏吞舟
逼上梁山　迫不得已　而为之　　　　　　　　约法三章

判决奖惩

　　　　王子犯法，绳之以法　赏罚分明　以儆效尤　法不责众
　　　　庶民同罪　疏而不漏　赏不逾时　株连蔓引　法外施仁
　　　　执法如山　罚不当罪　敲山震虎　小惩大诫　漏网之鱼
舞文弄墨　法不阿贵　赏不当功　杀鸡骇猴　严惩不贷　逍遥法外
包揽词讼　南山可移　惩恶劝善　杀鸡吓猴　惩前毖后
微文深诋　铁案如山　劝善惩恶　杀一儆百　网开一面
发奸摘伏　铁证如山　赏功罚罪　惩一儆百　既往不咎
激浊扬清　死无对证　赏善罚恶　惩一警百　以观后效
扬清激浊　查无实据　信赏必罚　以一警百　下不为例

图书在版编目（CIP）数据

把成语用起来：一读就会用的分类成语故事．七，学识和见识　计谋和决断 / 歪歪兔童书馆编著． -- 北京：海豚出版社，2020.5（2023.11重印）
　　ISBN 978-7-5110-5136-3

Ⅰ．①把… Ⅱ．①歪… Ⅲ．①汉语－成语－故事－青少年读物 Ⅳ．① H136.31-49

中国版本图书馆 CIP 数据核字（2020）第 000045 号

把成语用起来——一读就会用的分类成语故事
歪歪兔童书馆 / 编著

出 版 人：王　磊
策　　划：宗　匠
监　　制：刘　舒
策划编辑：宋　文
撰　　文：尤艳芳
绘　　画：徐敏君
责任编辑：杨文建　李宏声
装帧设计：王　蕾　侯立新
责任印制：于浩杰　蔡　丽
法律顾问：中咨律师事务所　殷斌律师

出　　版：海豚出版社
地　　址：北京市西城区百万庄大街24号　邮　　编：100037
电　　话：（010）85164780（销售）　　（010）68996147（总编室）
传　　真：（010）68996147
印　　刷：北京博海升彩色印刷有限公司
开　　本：16 开（860 毫米 ×1130 毫米）
印　　张：73.25
字　　数：800 千
印　　数：190001-200000
版　　次：2020 年 5 月第 1 版
印　　次：2023 年 11 月第 12 次印刷
标准书号：ISBN 978-7-5110-5136-3
定　　价：450.00 元（全十册）

版权所有　　侵权必究